宗教文庫

經典禪語

吳言生　著

東大圖書公司

自　序

禪宗在表現生命體驗、禪悟境界時，於「禪不可說」中建構起一個嚴謹而闊大的禪宗思想體系。這個體系主要由本心論、迷失論、開悟論、境界論四大基石構成。本心論揭示本心的澄明特質，迷失論揭示本心迷失的緣由，開悟論闡明成佛的方法，境界論體證成佛的境界。禪宗為了表現這個闊大的體系，大量運用經典禪語。禪宗經典語言是禪宗思想體系的生動表現形式。

本心論：本心的澄明

見性成佛是禪宗的終極關懷。禪宗認為，本來自性無形無相，以般若智慧覺知自心真性，徹見本源，彰顯本來面目，即是見性成佛。本心的特點是超越性，無長無短無青黃，不在中間及內外，清淨澄湛，無有動搖，超越有無、淨穢、長短、取捨、去來、生滅。表現本心澄明的經典禪語有：

一、本來面目禪語系列。參禪的終極目的是明心見性，徹見本來面目。「本來面目」，又叫「本地風光」、「本覺真心」、「本分田地」、「自己本分」等，人人本具，超越一切對立。「本來面目」是超驗的絕對本體，不被任何語言文字所刻畫塗染。但儘管如此，禪宗以心印心時，仍借用各種語言來表

示本來面目，這些禪語有：「本來人」、「本來身」、「本來事」、
「無縫塔」等。

　　二、無位真人禪語系列。「無位真人」是本心的典型象徵
之一，側重本心的尊貴性。與之同義的是「主人公」、「觀察
使」、「使君」。在肉質之身的裡面還有一個靈性的自我，這就
是主人公，即本心。「觀察使」是當時一個地方的最高行政長
官，禪宗用以象徵本心。它「不得姓」、「不得名」，卻「自有
廊幕在」。這個「廊幕」亦即表層的、肉體的我。「我」的一
切活動，都是本心的作用，本體則如如不動，禪宗還用「不
動尊」、「不病者」來象徵。

　　三、父母未生禪語系列。「父母未生時」是本心的典型象
徵之一，它側重於時間的超越。個體生命的源頭是「父母未
生時」，宇宙生命的源頭是「混沌未分時」。「混沌未分時」也
叫「黑豆未生芽時」、「最初一句」、「第一句」、「洪鐘未擊時」、
「古帆未掛時」、「明暗未分時」、「日月未生前」等。「混沌」
是本源性狀態，「混沌未分時」是不思善不思惡時的本來面目。
此時語言文字、聲音都無從產生，也就是「黑豆未生芽時」。
「最初一句」或「第一句」是相對意識還沒有產生時的清淨
本源狀態。同類的表達有「威音那畔」、「空劫已前」、「朕兆
未分已前」等。

　　四、心月心鏡禪語系列。心月心鏡側重本心的圓明性。
本心光明，不受污染，天真獨朗，無纖毫情塵意垢，禪宗用
淨裸裸、赤灑灑來象徵。對本心淨裸裸赤灑灑的特徵，禪宗

還以「心月」、「心珠」、「心鏡」來象徵。本心湛然圓滿，光輝朗潔，猶如晶瑩圓滿之月。「心珠」如璀璨朝日，如晶瑩水月，它又是一顆奇特無比的「神珠」。「明鏡」也叫「古鏡」，是人人本具的皎潔本心，它原真地反映外物而不受外物影響，像來影現，像去影移。本心光明朗潔，也好似「火把」，如「一道神光」。

迷失論：本心的迷失

禪宗思想體系的第二個重要組成部分是迷失論。迷失論反省本來面目失落的緣由。禪宗指出，本來面目清淨無染，隨著相對意識的生起，世人受了欲望的翳障，遂迷失本心本性，而追逐俯就穢濁之物，在情天欲海裡頭出頭沒，導致了生命本真的淪喪。表現本心迷失的經典禪語有：

一、迷頭認影禪語系列。迷頭認影是禪宗本來面目失落的典型象徵。癡人照鏡，愛鏡中頭影，反而以為自己的本頭丟失，狂奔亂走以尋找，《楞嚴經》以此譬喻眾生迷失真性執著妄相。禪宗指出，從眼耳等感官之門向外獲得的知識，只是幻影而非真知。唯有內省式的頓悟，才能明心見性。與迷頭認影同類的象徵是「騎驢覓驢」、「認賊為子」。騎驢覓驢比喻愚癡之人不知自身本具的純真人性而更欲向外尋找。禪宗還以「眼翳空花」、「水中撈月」象徵認幻成真而導致本心的迷失。

二、捨父逃走禪語系列。禪宗以本心譬父，捨離本心，

追逐外物，即是捨父逃走。禪宗指出「心月孤圓，自生違背。何異家中捨父，衣內忘珠！」認為捨父逃走的窮子即是「客作漢」，呼喚他們早日歸來，「識取自家城郭」。禪宗在形容本心迷失時，還用「萬里望鄉關」、「白雲萬里」來象徵。

三、拋卻家寶禪語系列。「自家寶藏」是本心的典型象徵之一，側重本心的寶貴性。每個人在精神上都富有自足，都有純真的人性，這就是「自家寶藏」。禪宗指出，自家寶藏人人具足，取之不盡，用之無竭，不假外求。既然本心原本自足，就不必向外尋求。向外尋求，即是迷失。因此禪宗急切地呼喚學人早日回到精神的故園：「溪畔披砂徒自困，家中有寶速須還！」

開悟論：躍入澄明之境

禪宗開悟論闡明成佛的方法。在禪宗看來，一切二元相對的觀念都是妄想，都是迷失。要獲得開悟，必須超越各種對立。獲得解脫的方法，在禪宗內部有漸修和頓悟兩種途徑。漸修方法，也就是磨鏡方法。表達漸修證空的經典禪語有：

一、磨鏡調心禪語系列。神秀偈：「身是菩提樹，心如明鏡臺。時時勤拂拭，莫使惹塵埃」，把堅持不間斷修行的原因以及結果形象地表達了出來。拂塵看淨、住心靜觀是神秀禪法要點。北宗的漸修說注重漸漸的調伏。典型的喻象有磨鏡、調象、制心猿、防六賊等等。狂象喻為害極大的迷亂之心，調狂象成為禪宗調心的方法之一。禪宗還以制伏心猿喻調伏

妄心。心逐境起，如猿猴之攀樹；意流注不息追求外境，猶如奔馳之馬。心猿意馬是成道的大障礙，必制伏之而後可。

二、牧牛調心禪語系列。在調心諸喻中，牧牛是最為普遍的一組。佛禪以牧牛比喻調心之法。禪師談自己的修行體驗是「一回入草去，驀鼻拽將回!」草象徵見取，即對外認同。落草喻落於無明之草。牧牛就是保持心態的調和，一旦落入見取的草中，就要立即將心拽過來。禪宗用圖畫、文字將開悟的過程和在各個階段的情景表現出來，系統地描繪出由修行而開悟而入世的心路歷程，形成了著名的牧牛詩。十牛圖頌用詩學象喻表現調心開悟，呈顯出一幅幅各自獨立又互成體系的詩學境象，將調心開悟的過程寫得生動形象，凝練深刻，為禪語園苑增添了獨特的景觀。

三、斷惑證空禪語系列。磨鏡、牧牛等方法，都是為了去除心靈的塵垢。去垢的目的是證空，只不過它所證的空是拂塵磨鏡式的空。表達斷惑證空意象系列的有四大皆非五蘊空。洞曉四大本空，五蘊非有，即可對生命持超然的態度。芭蕉中空，象徵肉質生命的脆弱，也被禪宗屢屢形諸吟詠。佛教還以「是身如夢」喻人生的虛幻不實。認識到世事如夢，對生命、外物便不會執著。表達生命、世界之無常脆弱的最著名的比喻，是「金剛六喻」，也叫「六如」、「六觀」。夢幻泡影露電比喻一切有為法。有為法是眾因緣湊合而成的，沒有不變的自性，而且終將壞滅。金剛六如以其凝練形象，成為禪師開示學人的口頭禪。

漸修所證的空，容易落於斷滅空。南禪主張不墮頑空。般若所證的空，並不是什麼都沒有的虛無的頑空。不思善，不思惡，卻並非善惡不分、是非不明，而是在分美醜、辨是非、識好惡當中，不起任何貪愛、執著，以平等無差別之心，空蕩蕩地觀照事物的本來面目。因此，要獲得徹悟，必須從時時勤拂拭的漸修轉向佛性常清淨的頓悟。慧能「菩提本無樹，明鏡亦非臺。佛性常清淨，何處惹塵埃」之偈，直指人心，認為人的本心便是一切，它天生清淨，只要見此本心，即可頓悟成佛。「佛性常清淨」是對「時時勤拂拭」的堅決否定。

禪宗化解各種對立，以獲得主體精神無限超越的法寶是不二法門。不二法門是中道哲學高度發展的結果，在《維摩經》等大乘經典中被大力闡發，被禪宗視為家寶。不二法門將好惡、是非、美醜、有無、大小、一多等相對觀念打成一片。禪宗將剿絕情識的不二法門，喻為「一刀兩斷」、「截斷兩頭」。「兩頭」是相對的認識方法，要使相對的認識成立，至少要有兩種東西相對立比較，這就是兩頭。陷於兩頭，則斫喪生命的本真，因此必須運用不二法門將之截斷。「截斷兩頭，歸家穩坐」，消除了相對的知識後，才有絕對的知識。表現不二法門的經典禪語有：

一、超越彼此禪語系列。《法華經·方便品》：「佛種從緣起。」緣起論認為萬事萬物由各種因緣所生起。蘇軾〈琴詩〉即生動地表達了對聲音和合的體認：「若言弦上有琴聲，放在

匣中何不鳴。若言聲在指頭上，何不於君指上聽?」對彼此不二的禪悟體驗，禪宗以「張公吃酒李公醉」、「南山燒炭北山紅」、「大唐打鼓新羅舞」、「籬內竹抽籬外筍，澗東花發澗西紅」、「白雲自占東西嶺，明月誰分上下池」來表現。

二、超越淨穢禪語系列。垢淨等一切分別來自於心，若除去二法對待心，則一切對立及其帶給人們的迷惑也就煙消瓦解。鳩摩羅什在《維摩經·入不二法門品》注中以洗物為喻，說好比洗髒物，把污垢完全除去之時即是乾淨。淨與垢相對而言。既已無垢，淨亦不存。淨穢不二的禪悟觀覺，則將這種由穢而淨淨亦不存的漸進過程，轉化為淨垢不二的直覺體證。禪宗以不淨之物來譬喻清淨法身，以破除學人清淨與不清淨的二分觀念，使之證得淨穢一如的禪悟體驗。

三、超越毀譽禪語系列。八風是使人心動搖的八種障礙物：利、衰、毀、譽、稱、譏、苦、樂。合己意或不合己意（利、衰），暗中毀謗或讚譽（毀、譽），當面稱讚或譏嘲（稱、譏），身心的煩勞或快樂（苦、樂），這八種東西能煽動人心，所以叫八風。八風吹不動，即不為這八種障礙物所左右。禪者常說「八風吹不動天邊月」，即是說晶瑩如月的本心不為八風所動。

四、超越生死禪語系列。在禪宗看來，生與死渾然一體。絲絲楊柳，娟娟明月，潺潺流水，習習清風，無不是本心的顯現。禪者對生命的體證是「日面佛，月面佛」。在禪宗看來，生命現象的遷謝，是「雲散水流天地靜，籬間黃菊正爭春」，

是「雨散雲收後，崔嵬數十峰」，是「死生生死元無際，月上青山玉一團。」個體生命紛紜遷謝，本心仍清湛澄明，玲瓏亮麗。只要把握住現境，就能分分自在，秒秒安詳，日面月面，打成一片。

五、超越斷常禪語系列。「斷」為生死，「常」為涅槃。不二法門破除了二者之別。慧能說：「無常者，即佛性也。」佛教的悲懷就是讓人從無常中解脫出來，通過實現佛性而進入涅槃。但真正的涅槃無非就是對無常的如實認識，只有把自己從超越無常的涅槃中也解脫出來，從涅槃完全復歸到這個無常世界，並活動在這個無常世界的痛苦中間，才能證得真正的涅槃。《維摩經·佛道品》：「火中生蓮花，是可謂希有。在欲而行禪，希有亦如是。」運用般若空觀不二法門，即可證得煩惱的當體即是菩提，將紅塵熱惱與出世清涼打成一片。

六、超越色空禪語系列。《般若心經》：「色即是空，空即是色。受想行識，亦復如是。」不論物質現象（色）還是精神現象（受想行識），均屬因緣所生法，無固定不變的自性。偏執於色，容易流為實用主義；偏執於空，容易成為虛無主義。真如之理離一切迷情所見之相，乃是真空。禪宗承認真空，而不承認斷滅空。般若空並不是枯木寒灰式的空，滅盡妄念之後，尚須顯示真空的妙用。真空是枯木生花、春意盎然的生命感動，是定雲止水中鳶飛魚躍的氣象。「真空不壞有，真空不異色」，真空是「枯木裡龍吟」，是「骷髏裡眼睛」。它滅絕一切妄想，至大死一番處，再蘇生過來，而能得大自在。

　七、超越聖凡禪語系列。證入不二法門，臻於了悟之境，是很多參禪者追求的目標。法融入牛頭山石室初習禪定時，已忘機到不知有鳥有我，故有百鳥銜花之異。但他還有一個了悟之心沒有忘卻，還有聖執法執。受到四祖的點化後，從聖境復歸於平常之境，泯絕萬緣，百鳥遂不再銜花。景岑遊山有「始隨芳草去，又逐落花回」之吟，表明空境固然勝妙，但黏滯於空境，則非大乘所為，因此要從了悟之境轉過身來，入塵垂手。招賢偈：「百尺竿頭不動人，雖然得入未為真。百尺竿頭須進步，十方世界是全身。」百尺竿頭是上求菩提的絕對境地。修行者達到竿頭的歷程很艱辛，修行而達到百尺竿頭，是一個很高的悟境。但到了百尺竿頭，還是不能停止。如果高高地停留在一己之悟中，尚非徹悟。百尺竿頭再進步，由向上轉而向下，返回現實世界，才是真正的進步。

境界論：體證澄明之境

　禪宗以徹見本來面目為終極關懷。為了重現本來面目，禪宗運用不二法門，通過般若智觀，來粉碎迷情，回歸於生命源頭。不向外求、重視內在生命的禪悟狀態猶如迴光返照，直下照見自心之靈性。世人逐物迷己，流浪他鄉，而明心見性之時，則不復追逐外境，而回歸精神家園，得大休歇，大自在。明心見性的禪者，揚棄了顛波世路時的二元觀念，以第三隻眼來觀照世界，形成了獨特的禪悟境界。表達禪悟境界的經典禪語有：

一、一切現成禪語系列。青青翠竹，盡是法身。郁郁黃花，無非般若。無情有佛性，山水悉真如。在悟者的眼中，自然界的一切莫不顯示著活潑潑的佛的生命，「山河及大地，全露法王身」。對此禪宗以「春來草自青」、「柳綠花紅真面目」、「溪聲即是廣長舌，山色豈非清淨身」等禪語來表現。與之相聯繫的是本來現成禪語系列。一切現成側重真如本心的遍在性，本來現成側重禪悟主體的原本自足性。對此禪宗以「師姑元是女人作」、「雙眉本來自橫，鼻孔本來自直」、「八兩元來是半斤」等禪語來表現。

二、無住生心禪語系列。對禪宗「觀物」方式的典型表述是「雁過長空，影沈寒水。雁無留蹤之意，水無留影之心」。在水月相忘觀照中，觀照的雙方互為主體，且脫落了情感的黏著性。禪者對任何事物都不貪戀執著，一點覺心，靜觀萬象。遊心無礙，瀟脫自由，「心隨萬境轉，轉處實能幽」。存在而超越，充實而空靈。對此禪宗以「竹影掃階塵不動，月穿潭底水無痕」、「竹影掃階塵不動，月輪穿海水無痕」、「竹影掃階塵不動，月華穿水浪無痕」、「萬緣不到無心處，至了渾如井窺驢」、「銀碗裡盛雪」、「冰壺含寶月」、「新婦騎驢阿家牽」等禪語來表現。

三、圓融互攝禪語系列。《華嚴經》、華嚴宗的根本特徵是圓融，對禪思禪詩產生了巨大的影響，形成了禪宗的理事無礙境，曹洞禪的顯著特色是以一系列意象表現了對理事無礙的體證。而禪的事事無礙境，是每一事物不僅是自身，而

且包含其他所有事物。甲中有乙，乙中有甲，互相滲透涵攝。對此禪宗以「一月普現一切水，一切水月一月攝」、「今年旱去年」等禪語來表現。本來面目的最大特性是超越性，運用不二法門、華嚴珠網進行的禪學觀照，使得以世俗之眼看來對峙、矛盾的意象組合到一起，形成了不可思議的直覺現量意象：「空手把鋤頭，步行騎水牛。人從橋上過，橋流水不流。」

四、任運隨緣禪語系列。頓悟禪為了掃除學人向外尋求的意念，將修行與生活一體化，反對外向而修道，而主張內照式的修道，如此，宗教行為，從發心、修行、證悟到涅槃，構成一個無限的圓圈，其中每一點既是開端也是終點。禪者的身心永遠保持一致，在日常生活的每一細節上，都感受到人性的純真，對此禪宗以「饑來吃飯困來眠」、「神通並妙用，運水及搬柴」、「平常心是道」、「春有百花秋有月，夏有涼風冬有雪」等禪語來表現。

禪宗以重現「本來面目」為終極關懷。禪宗的本心論揭示本心的圓滿澄明，禪宗的迷失論揭示本心失落的緣由是陷於二元對立，禪宗的開悟論運用不二法門將各種對立予以超越，禪宗的境界論是對悟者生命澄明之境的充分體證。表達禪宗思想的經典禪語極為生動。閱讀經典禪語，我們可以得出如下看法：

㈠經典禪語是禪宗思想體系的話語表現形式，而禪宗思想體系則是建構在佛教特別是大乘佛教的磐石之上，深深地

烙上了大乘智慧的印痕。其中《心經》、《金剛經》、《楞伽經》、《楞嚴經》、《法華經》、《維摩經》、《華嚴經》、《圓覺經》等大乘經典,向來被禪宗當作重要思想來源加以闡發。要理解禪宗思想體系,必須窮本溯源,熟稔佛教經論遂成為研究禪思、禪語的基本前提。

㈡經典禪語圍繞著本心論、迷失論、開悟論、境界論,自成一大體系,意象繁富,異彩紛呈,宮商疊奏,內蘊深厚。在經典禪語中,本心論、迷失論的象徵所使用的喻象特質基本上與傳統詩學意象的特質相符合,而表現禪宗開悟論、境界論的禪語,截斷意路,撲朔迷離,超越了邏輯知性的範疇,完全是本色當行的禪語。

㈢雖然為了解析的方便,本書將經典禪語置於表現禪宗思想四個部分中的某個位置,但實則每一則禪語都潛在地涵蘊著本心論、迷失論、開悟論、境界論的四重結構。如見山是山、見山不是山、見山只是山的山水感悟禪語系列;百鳥不銜花、百鳥銜花、百鳥不銜花的超越凡聖禪語系列;居鄉、離鄉、回鄉的歸家穩坐禪語系列⋯⋯形成了正(本心論:本心的澄明)、反(本心的迷失)、合(開悟論:躍入澄明之境;境界論:體證澄明之境)的回環,彰顯著人類精神不斷提升臻於光華圓滿之境的心路歷程。

本書只是通向禪悟之境的一座橋梁,在閱讀本書時,應當見月忘指,通過文字之指,掬挹心靈之月。在本書的第一部分,我們增加了有關禪的流傳的經典禪語,旨在使讀者對

禪的起源、流傳情況有一個基本的瞭解。按照原來的構想，每一則禪語，除了注明出處外，還儘量引用歷朝歷代禪僧、詩客的吟詠，以反映它在文化史上的影響。可這樣一來，引文較多，給讀者閱讀造成了一定的不便。有鑒於此，接受東大圖書公司編輯先生的建議，在增加趣味性、故事性的同時，將過多的引文略去。這樣的好處是，讀者可以通過故事的形式，直接、親切地感悟到禪的精神、禪的智慧。限於篇幅，本書選取的是最為經典的禪語；限於水平，還請讀者朋友們不吝指正。

經典禪語

目 次

禪的流傳

吾本來茲土，
傳法救迷情。
一花開五葉，
結果自然成。

　　釋迦牟尼三十五歲時於菩提樹下睹明星悟道，此後法輪常轉。有一次，佛陀在靈山會上，大梵天王獻上一株金色波羅花，迦葉尊者發出了會心的微笑。禪，就在拈花微笑中產生了。

　　迦葉之後，禪法在西天代代相傳，心心相印，針缽相投。這樣一直傳到了達摩大師，成為禪宗在西天的第二十八代祖師。後來達摩大師從遙遠的西方來到中土，成為東土禪宗的第一祖。達摩傳二祖慧可，慧可傳三祖僧璨，僧璨傳四祖道信，道信傳五祖弘忍，弘忍傳六祖慧能。慧能得到弘忍的禪法，在曹溪大闡禪風，從此曹溪一滴水，形成中國禪宗的五家七宗之源。一花開五葉，結果自然成。禪宗成為中國佛教的主流，迄今猶綿綿不絕，顯發出蓬勃生機。

　　在禪的流傳過程中，產生了許多富有啟迪性的故事。這些故事基本上是歷史，也有個別是傳說。當然，傳說也是一種精神的歷史。這些故事，享譽禪林，流傳久遠，成為禪宗經典話語的重要組成部分。

古佛高風

睹明星悟道

　　釋迦牟尼出家前，是印度迦毗羅衛國的太子，名叫悉達多。為了追求人生的最高真理，他捨棄了王位，出家修行。

出家之後，經過六年的苦行，悉達多在尼連禪河中沐浴，之後來到距尼連禪河約十里遠的一棵菩提樹下，在一塊大石上敷上吉祥草，設菩薩座，然後面向東方結跏趺坐，發誓說：

「如果不能悟得正道，我就永遠不起來！」

經過四十八天的靜思冥想，到了十二月初七這天，悉達多終於證得了阿耨多羅三藐三菩提（無上正等正覺）。此時，菩薩座上，湧現出祥光，隱約現出菩薩相。

悉達多進入了禪定之中，思維真諦，得到了徹底的解脫。初夜時分，他觀看三世實相，洞悉了三世因果，獲得了無上的正智。

到了第四十九天，也就是十二月初八的凌晨，天空中有無數的明星出現，悉達多終於豁然大悟：

「奇哉奇哉，一切眾生，無不具有如來德相，只是因為執著而不能證得！」

原來，芸芸眾生，都有純潔光明如同明星的本心本性，也就是如來智慧，只不過這本心本性被欲望的浮雲所遮掩。只要撥去浮雲，彰顯出本性，就是大徹大悟之人了啊！

悉達多終於成就了無上正等正覺，開悟成佛。由於這個原因，他的出世就是為了「一大事因緣」，即是使芸芸眾生撥去煩惱妄念的浮雲，明心見性，成為生命的覺悟者。

這時大地震動，天樂悠揚，天上下起了繽紛的花雨，眾天神雲集，齊聲讚頌悉達多成就佛道。這年，悉達多三十五歲。

　　人人皆有如明星般明亮純潔的本心自性是禪宗的基本思想。禪宗六祖慧能初次參見五祖弘忍時，就以「人雖有南北，佛性本無南北」(《壇經・行由品》)的答語而深得弘忍的讚賞。在《壇經》中，慧能充分繼承並發揚了這種思想，說：「自性常清淨，日月常明，只為雲覆蓋，上明下暗，不能了見日月星辰。忽遇惠風吹散，捲盡雲霧，萬象森羅，一時皆現。世人性淨，猶如青天。慧如日，智如月，智慧常明。」(法海本《壇經》)撥雲見月，明心見性，成為參禪悟道的終極目標。

拈花微笑

　　釋迦牟尼在靈山法會上正準備說法，這時大梵天王來到座前，向釋迦牟尼獻上一朵金色波羅花，然後坐在最後的位子上，聆聽釋迦牟尼說法。

　　釋迦牟尼接受了獻花之後，一言不發，舉起這朵金色波羅花給大眾看。當時聆聽說法的有百萬之眾，可大家都不明白這是什麼意思，唯有十大弟子中的摩訶迦葉破顏微笑。

　　於是釋迦牟尼對大家說：

　　「我有正法眼藏，涅槃妙心。實相無相，微妙法門。不立文字，教外別傳。現在，我把這無上的大法，付託給摩訶迦葉。」

　　這段話成了禪宗的綱領。

　　正法眼藏：「正法」與「邪見」相對。佛在入滅後的一段時間內，教法純正，未經竄改，叫做「正法」，也就是釋迦牟

尼親自付囑迦葉的法；心能徹底明瞭地見到正法，叫做「眼」；因為大乘佛法，包含萬法，所以叫做「藏」。禪宗一脈相傳的，就是這個「正法眼藏」。

「涅槃妙心」即禪心。涅槃是熄滅煩惱之火、除盡諸般情欲後，內心完全清淨的狀態，也就是悟的心理感受，這種感受沒法形諸文字，所以叫「妙心」。

實相無相：實相是真如、性空、本體、本性、無相、涅槃的意思。世俗認識的一切現象均為「假相」，唯有擺脫世俗認識才能顯示諸法「常住不變」的真實相狀，所以叫「實相」，「實相」就是「無相」。《金剛經》：「凡所有相，皆是虛妄；若見諸相非相，則名如來。」

微妙法門：通過修習佛法獲得佛果的門戶叫法門。這個法門是沒有固定程式，不可言傳的，所以是「微妙法門」。

教外別傳：師徒之間以心印心來傳授禪，就是「教外別傳」。禪宗將那種以教義和經典為中心，藉語言和文字來傳授的方法叫做「教內之法」，而在禪宗裡面，卻沒有什麼固定的教學體系，也不依據以往的教義。傳授和接受的形式，都不是禪的方法。禪是「不傳之傳」，在沒有傳的意識下傳授。

禪，就在拈花微笑中產生了。

迦葉成為西天禪宗第一祖，後來代代相傳，傳到達摩大師時，成為西天禪宗第二十八祖。達摩大師從西印度而來，將禪傳到東土（即禪宗史上著名的「祖師西來」），成為中華禪宗第一祖，之後傳了六代而至慧能，開創了富有中國特色

的禪宗。禪宗史上習慣把西天二十八祖和東土六祖稱為「西天四七，東土二三」。

生滅滅已，寂滅為樂

　　釋迦牟尼成佛前曾在雪山苦行，修菩薩道，名為雪山大士。山中非常清淨，有流泉浴池，樹林藥木，潔白的石頭上流著清清的泉水。大士獨處其中，採野果為食，靜靜坐禪，也不知過了多少歲月，大士一直堅持著苦修。

　　佛教的護法神帝釋天見狀，準備親自前往試探，看看修行者的心志是否堅定，就變成了羅剎，樣子非常可怕。羅剎來到雪山，在距離大士不遠的地方停了下來，用非常清雅的聲音宣說過去佛所說的半偈：

　　　諸行無常，是生滅法。

　　大士聽了這半偈，像做生意的人找到了失散的伴侶，像久病的人求到了好藥，像落在大海中的人遇到了救生船，像口乾唇燥的人得到了甘美的泉水，也像漂泊的遊子終於回到了故鄉，欣喜之情，難以盡述。他一點也不懼怕羅剎的猙獰長相，來到羅剎面前，問羅剎說：「如此美妙的偈頌，你是從什麼地方聽到的？這是過去、未來、現在諸佛世尊的無上大道啊。一切世間無量眾生，被各種邪見的羅網所纏繞，哪裡有福分聽到這樣的偈語。你如果能為我說完這首偈子，我願

意終生作你的弟子!」

羅剎回答說:「你這樣說,還只是僅僅考慮到你自己。你難道沒有看到,我如今快餓得不行了,實在不能給你說了。」

大士問:「你要吃些什麼東西才能維持生命?」

羅剎說:「我只喜歡吃新鮮的人肉,喝人的熱血。」

大士說:「你只要說完半偈,我願意用此身供養。人生難免一死,這個身子並沒有什麼用處,到頭來還不是被虎狼鷗鳥雕鷲這些野獸所食,卻得不到一絲一毫的幸福。與其那樣,還不如奉獻給你。」

羅剎再次問:「你真的能為了半偈而犧牲人人貪愛的肉身?」

大士堅定地說:「犧牲脆弱的肉身,換取堅固的法身,我決心已定!」

羅剎點了點頭:「既然這樣,你且用心聽著,我為你宣說其餘的半偈。」於是,便聲如金石地長吟道:

生滅滅已,寂滅為樂!

大士聽聞此偈,深思其中的深義,在岩石、牆壁、樹幹、道路上,到處書寫此偈。然後爬上高樹,準備從上面跳下來,摔死自己來供養羅剎。他眼睛一閉,雙手一鬆,就毫不猶豫地從高樹上跳下。

「好一個為法捐軀的修行人!」

　　羅剎暗自讚歎，當即恢復了帝釋天的形相，在半空中接住了大士下墜的身體，穩穩當當地放到平地上。大士睜開眼睛時，帝釋天、大梵天王等，都紛紛在他的腳下稽首頂禮。

　　這是《涅槃經・聖行品》記載的一則故事。雪山大士不是別人，就是釋迦牟尼的前生。

　　雪山大士為之捨身的這四句偈子，概括了全部佛法，道破了一切事物生滅無常的本質，指明了斷生死、證涅槃的解脫目標。特別是後半偈，意義極大。

　　「生滅滅已」，是永斷於生死；「寂滅為樂」，即是常得無量樂。

　　此後半偈又叫「雪山偈」、「雪山半偈」。這個故事也叫「雪嶺投身」、「半偈殺身」，成為禪林經常引用的典故。

人命在呼吸間

　　據《四十二章經》記載，一天，佛陀等弟子們乞食歸來時，問：

　　「弟子們！你們每天忙忙碌碌托缽乞食，究竟是為了什麼呢？」

　　弟子們雙手合十，恭聲答道：「佛陀！我們是為了滋養身體，以便長養色身，來求得生命的清淨解脫啊。」

　　佛陀用清澈的目光環視著弟子們，沈靜地問道：「那麼，你們且說說肉體的生命究竟有多長久？」

　　「佛陀！有情眾生的生命平均起來有幾十年的長度。」一

個弟子毫不猶豫地回答。

佛陀搖了搖頭：「你並不瞭解生命的真相。」

另一個弟子見狀，充滿肅穆地說道：「人類的生命就像花草，春天萌芽發枝，燦爛似錦；冬天枯萎凋零，化為塵土。」

佛陀露出了讚許的微笑：「嗯，你能夠體察到生命的短暫迅速，但是對佛法的瞭解，仍然限於表面。」

又聽得一個無限悲愴的聲音說道：「佛陀！我覺得生命就像浮游蟲一樣，早晨才出生，晚上就死亡了，充其量只不過一晝夜的時間！」

「喔！你對生命朝生暮死的現象能夠觀察入微，對佛法已有了進入肌肉的認識，但還不夠究竟。」

在佛陀的不斷否定、啟發下，弟子們的靈性越來越被激發起來。又一個弟子說：「佛陀！其實我們的生命跟朝露沒有兩樣，看起來很美麗，可只要陽光一照射，一眨眼的功夫它就乾涸消逝了。」

佛陀含笑不語。弟子們更加熱烈地討論起生命的長度來。這時，只見一個弟子站起身，語驚四座地說：「佛陀！依弟子看來，人命只在一呼一吸之間。」

此語一出，四座愕然，大家都凝神地看著佛陀，期待佛陀的開示。

「嗯，說得好！人生的長度，就是一呼一吸。只有這樣認識生命，才是真正體證了生命的精髓。弟子們，你們切不要懈怠放逸，以為生命很長，像露水有一瞬，像浮游有一晝

夜，像花草有一季，像凡人有幾十年。生命只是一呼一吸！
應該把握生命的每一分鐘，每一時刻，勤奮不已，勇猛精進！」

　　佛教注重把世間一切事物都看作是生滅遷流、剎那不住
的無常智，所謂「生死事大，無常迅速」。人命在呼吸間便生
動地表達了這種觀念。《神會錄》：「生死事大，念念無常。」
念念之間感受到無常，就不會虛擲光陰，而會抓緊時間努力
修行。雪竇禪師有詩讚道：「人命呼吸間，誠哉是言也！」（《雪
竇語錄》卷6）修無常觀，遂成為禪者的一項基本訓練。

盲龜值浮木

　　在遼闊的大海之中，生活著許許多多的水族。牠們有的
身軀龐大如船隻，有的微小如丸卵。

　　其中有一隻盲龜，住在幽暗的大海深處。牠的壽命長得
無法計算，但是牠的雙眼卻瞎了，看不見一絲光明。在漆黑
的深海裡，牠生活在永無止境的黑暗之中，每經過一百年，
這隻盲龜才有一次機會浮出海面，呼吸海面的和風。

　　浪濤洶湧的大海中，飄浮著一根長長的圓木，浮木的中
間有一個龜頭般大小的洞孔。從無限久遠的時間以來，浮木
就隨著驚濤駭浪忽東忽西。瞎了眼睛的烏龜，要憑藉牠的感
覺，在茫茫的大海中，追逐漂浮不定的浮木。每當一百年才
浮到海面一次的盲龜，只有使牠尖尖的頭恰巧鑽入浮木小小
的孔穴，把握千載萬載難以逢遇的機緣，才能夠重見光明。

　　不知過了多少個一百年，烏龜一次次地浮出了水面，又

一次次地錯過了浮木。終於有一次，盲龜漫無目的地隨波逐浪，尋找牠那不可測度的未來。牠游啊游，突然覺得頭部好像觸到了什麼堅硬粗糙的東西。喔，原來這正是浮木！盲龜欣喜之至，拼命地追逐著浮木，用頭部奮力一頂，希望能嵌入浮木的洞孔。眼看就要成功，忽然一陣巨浪排空打來，浮木隨著水流從盲龜的身邊滑了開去。千載難逢的機遇，就這樣逝去了。

失望之極的盲龜，再一次跌入深暗的海底，重新等待著綿綿無盡期的一個個百年。

潮來潮去，潮去潮來，一百年一百年的歲月更替流逝，盲龜依舊浮沈在生死的洪流大海，找不到那帶給牠幸運的浮木。

也不知過了多少個一百年，當盲龜再度浮出水面，剛接觸到清涼的海風時，突然一頭嵌進了浮木的小小洞孔，轟然一響，眼前霎時金光萬丈，盲龜終於脫離了曠古以來笨重的軀殼，變成一個俊秀的童子，睜開眼睛，笑看滾滾的紅塵濁浪。

凡夫俗子們被利欲蒙蔽了心眼，就像盲龜一樣在愛河欲海之中漂流輪轉。殊不知我們能夠保有人身，比盲龜每過百年浮出海面、遇到殊勝因緣能夠嵌入浮木孔還要稀有難得。因此一個修行者，要珍惜這寶貴的人身，善待生命，做一隻開眼的靈龜！

盲龜值木之喻以其形象精警，而為禪林所諷誦，所謂「佛

法難逢，猶盲龜值木。」(《雪峰語錄》卷下)「善男子，汝須知：遭逢難得似今時。既遇出家披縷褐，猶如浮木值盲龜。」(《緇門警訓》卷2)出家求法，猶如盲龜脫離了生死的深淵，告別了黑暗的世界，前面是一片燦爛光明的景象，對這殊勝的機緣，應當加倍珍惜才是。

火　宅

　　火宅是《法華經》中七則最著名的比喻之一。

　　很久以前，在印度某個部落有一位長者。他有一所寬闊的住宅。但宅院雖大，只有一個門可供出入。一天，長者因事外出，忽然房屋的角落起了火，頓時烈火熊熊，巨大的建築物陷入烈火之中。椽、梁、柱子等，紛紛震動、倒塌，濃煙彌漫在四周。

　　長者聞訊立即趕回家中，思考著解救之策。這時只見一個僕人匆匆地前來報告：「公子們全都不知道火災的可怕，他們還在家裡玩得高高興興哩。」

　　長者大吃一驚，為了拯救危急中的孩子，他奮不顧身地衝進火宅。這時，那些貪玩的孩子們，照樣沈迷在遊戲中。雖然火焰伸著長舌一步步地逼近他們，他們仍然沒有外出的意思。

　　長者對他們說：「孩子們，大火正在四處蔓延，你們馬上要被燒成灰燼了，趕快逃生吧。」

　　父親慈愛的教訓，火災的危險，對於這些天真無知的兒

童，不起任何作用。孩子們越是沈迷於玩樂，身為父親的長者越是擔心。長者眼見火勢愈來愈大，而孩子們仍然玩個不停，這樣下去，後果不堪設想，他計上心來，大聲地說：

「孩子們！我現在有很多新奇的東西要送你們，是你們平時一直想要的。如果你們現在不去拿，一定會後悔。這些東西就是羊車、鹿車、還有牛車。現在，它們全部放在門外，你們趕快出去吧！出去遲了，就會被別人拿去。大家趕快去拿自己喜歡的車子！你們可以乘著車子到處玩樂。」

長者的話果然見效。孩子們爭先恐後地從宅門跑了出去。他們來到屋外空地，才倖免於難。長者看見孩子們安全逃離，高興之極。孩子們卻非常失望，跑到父親面前問：「爸爸！你剛才不是說有羊車、鹿車和牛車嗎？怎麼沒有了呢？快拿出來呀！」

長者對孩子們宣稱要贈送三車，目的在於救他們出火宅。現在仔細一想，覺得對孩子們要一視同仁，便決定把七寶大車分贈給他們。這些大車都是用形形色色的寶物飾成，車上圍繞著欄杆，四周掛著金鈴，縛著黃金繩子，黃金的花縵到處垂下，懸掛著各色各樣的裝飾品。車床上的棉褥墊物也非常柔軟，上面蓋著價值連城的白布。拖這些寶車的巨牛，個個膘肥體壯。孩子們乘著寶車，隨心所欲，到處遊行，喜不自勝。

佛陀是天下蒼生之父，一切眾生皆是佛子。佛陀常常設法利用各種機會，救濟蒼生。無知無識的眾生，經常被生、

老、病、死、憂慮、悲哀、苦悶等毒火包圍著，雖然置身在三界火宅裡，不斷地碰到生、老、病、死等煩惱的威脅，卻一無所知，仍然陶醉在遊戲裡，絲毫不懂得畏懼，只知盡情玩樂，不知求道，不懂解脫。到頭來，在火宅裡遇到大難時，只有被大火燒死。

火宅是人世，而那位長者就是釋迦牟尼佛。由於世界被苦惱的火焰猛烈燃燒著，大慈大悲的佛陀，憐憫芸芸眾生，遂預備好聲聞、緣覺、菩薩等三項坐騎，從三界火宅裡救度出眾生，並將法華一乘這駕大白牛車，不分彼此地饋贈給芸芸眾生。

《法華經・譬喻品》以「火」比喻五濁、八苦等，以「宅」比喻三界，謂三界眾生為五濁八苦所逼迫，不得安穩，猶如大宅被火所燒，而不得安居。「三界無安，猶如火宅」成為禪宗時時標舉的名言。《楞伽師資記・達摩》：「三界久居，猶如火宅。有身皆苦，誰得而安？」

化　城

「化城」也是著名的法華七喻之一。

很久以前，印度某地有一所寶城，裡面的建築全是由七種非常稀奇珍貴的寶物造成，城中的寶物數不勝數。這個地方雖然好，但前往該地必須耗費很長時間，而且道路崎嶇艱險，其間既無一滴水可喝，又寸草不生，除了成群的兇暴獸類以外，什麼也沒有。對於打算前往的人來說，這真是一個

充滿艱險的旅途。

　　一天，一群商人聯合起來，計劃要經過這條險路，前往那個珍寶無數的城池。他們當中有一人，聰明機智，見多識廣，對於險途的地理情況，十分熟悉。於是大家一致推舉他作嚮導，以引導他們安全到達目的地。

　　走了一段時間後，這一隊人在艱難萬狀的旅途上飽受折磨，忍不住對嚮導說：「我們都疲憊不堪，再也走不動了。然而，路途還很遙遠，我們想就此折回。」

　　說完，大家都裹足不前了。嚮導心想：「好不容易才來到這裡，竟打算放棄曠世珍寶，半途而廢，實在可惜。」

　　於是他大顯神通，很快在前方路旁搭建起一座大城，然後對那群疲憊的人說：「諸位千萬不能這樣喪氣，你們看見對面那座城了嗎？不妨進城好好休息，待體力復原後，探查藏寶的地方，然後要麼尋寶，要麼回鄉，豈不是更好？」

　　那群疲憊萬分的人，聽了嚮導的話，頓時恢復了精神。瞭望前方的城池，他們都欣然表示：「我們看見前面的城堡了，那的確是可以恢復疲勞、充分休息的地方。」

　　一行人一面發出歡呼聲，一面走進城去。走進城來，他們發現城裡有各種不同的建築物，四周環繞著花園、綠樹、池塘和水溝，在高殿裡還有許多年輕男女在玩樂。他們在歡欣之餘，再也不想克服困難，前往目的地了。

　　嚮導看見他們的疲勞消失，精力完全恢復，就馬上撤除了這座虛幻的城市，他對商人們說道：「諸位，我們趕緊啟程

吧。這座城池只是讓你們暫時休憩的地方，是我臨時建造的方便之城。現在離藏寶的地點已經不遠了，大家快提起精神上路吧。」

這群已經恢復了體力的商人，欣然聽從了嚮導的話，個個精神抖擻，勇敢地突破險道，馬不停蹄地邁向目的地。

在這則故事中，那位嚮導就是偉大的導師——佛，那一群商人就是大千世界裡的芸芸眾生，而艱險的旅途就是生死煩惱，虛幻之城就是二乘人所證的果位。只有寶所，才是真正的佛菩薩果位，是究竟的涅槃之境。

慧劍斬情絲

《維摩經·菩薩行品》：「以智慧劍，破煩惱賊。」

佛教喻智慧如劍，能斬斷一切煩惱。永嘉玄覺禪師說：「大丈夫，秉慧劍，般若鋒兮金剛焰。非但能摧外道心，早曾落卻天魔膽。」（《證道歌》）意思是說：明心見性的大丈夫，秉持以般若智為鋒，金剛焰為鍔，破邪顯正的慧劍，不但能摧伏外道的邪見，也早讓天魔為之喪膽。人心的邪見也如同賊寇，劫奪人性中善良的成分。因此龐居士說：「教君殺賊法，不用苦多方。慧劍當心刺，心亡法亦亡。」（《龐居士語錄》卷下）

人的面相，眉毛是一團雜草，是「艹」字；兩隻眼睛和鼻子，合起來成為「十」字，而嘴巴則是一個「口」字，合起來恰好是一個「苦」字。在包含這張臉的頭上長出來的頭

髮，自然就是煩惱絲了。清代悟雲和尚的《落髮》詩說：「煩惱叢千縷，全憑慧劍揮。」生動地說明了落髮的意義。

　　世俗的煩惱中，以情愛最為癡迷。學佛，就是要慧劍斬情絲，如此人生才能自由自在。福州西禪鼎需禪師，年紀輕輕時就考取進士，很有名氣。二十五歲那年，讀了《佛遺教經》，忽然長歎一聲：「差一點被儒冠誤了！」於是就有了出家的念頭。母親感到很為難，因為娶親的日子已近。林公子就寫了封信給女方家裡，取消了這門婚事。信上說：「夭桃紅杏，一時分付春風；翠竹黃花，此去永為道伴。」意思是美麗豔冶、容光煥發像桃杏般嬌嬈的女孩子，還是讓有緣分的人去擁有吧；我將遁入空門，皈心佛祖，與青青翠竹、郁郁黃花相伴終生，成為共修禪道的好友。（《五燈會元》卷20）宋釋道潛《贈賢上人》：「恒山道人棄妻孥，壞衣祝髮從浮圖。愛纏欲網豈易脫，慧劍劃斷真須臾。」賢上人與鼎需禪師一樣，都以堅韌的毅志掙脫了愛欲之網，慧劍斬情絲，成為人生的覺者。

一花五葉

祖師西來意

　　「祖師西來意」與「佛法大意」一樣，都表示佛法的奧義。禪宗初祖達摩從西方的印度來到中國傳弘禪法，對「其真意為何」加以反省考察，以究明諸佛列祖悟道的根本精神，

是禪宗開悟的機語，是禪門中最為熱門的話題。禪僧對什麼是祖師西來意、什麼是佛法大意的回答，反映了禪宗思想體系的四個最重要的部分。

其一，本心論——揭示本心澄明、覺悟、圓滿、超越的內涵與質性。

㈠佛法大意具有超越性，語言文字不可表達。龍牙和尚問洞山禪師：「什麼是祖師西來意?」洞山說：「等河水倒流的時候我就跟你說。」龍牙聽了，頓有所悟。（《洞山語錄》）

㈡佛法大意是引導人們發現本心自性。坦然禪師問：「什麼是祖師西來意旨?」老空禪師說：「為什麼不問自家的意義，問他人的意旨作什麼?」（《祖堂集》卷3）

㈢本心圓滿，不勞外求。僧問：「什麼是佛法大意?」趙州禪師反問：「你的名字叫什麼?」僧人說：「我叫某某。」趙州說：「含元殿裡，金谷園中。」（《古尊宿語錄》卷14）含元殿裡即長安，金谷園中花最繁。所以不必向他處覓長安，不必向他園看花柳。

㈣本心寸絲不掛，連悟的意念都不能存有。僧問禪師：「什麼是佛法大意?」禪師答：「真嘔心! 趕快把這種見解吐掉吧!」（《正法眼藏》卷1）

㈤縱是不悟本心，本心也未曾遺失。僧問：「什麼是佛法大意?」禪師示偈曰：「剎剎現形儀，塵塵具覺知。性源常鼓浪，不悟未曾移。」（《景德傳燈錄》卷26）一草一木，一粒沙塵，都體現著真如，具備覺悟的潛能。性靈之源雖然常常因

境風的吹拂而生起波浪，以致於喪失了澄明的觀照，但它澄明的本性，卻從來沒有失去。

其二，迷失論——揭示本心擾動、不覺、缺憾、執著的狀況及緣由。禪宗指出，向外尋求佛法大意，就導致了本心的失落。僧問：「什麼是祖師西來意？」禪師答：「你已經離它十萬八千里了！」（《五燈會元》卷14）

其三，開悟論——揭示超越分別執著以重現清淨本心的方法與途徑。禪師用種種機法粉碎學人的疑情妄念，不勝枚舉。此處例證從略。

其四，境界論——揭示明心見性回歸本心時的禪悟體驗與精神境界。

㈠一切現成的現量境。僧問：「什麼是祖師西來意？」禪師回答：「日裡看山。」（《五燈會元》卷15）日裡看山，清清楚楚。佛法大意，明明白白。僧問：「什麼是佛法大意？」雲門禪師答：「春來草自青。」（《景德傳燈錄》卷19）春來草自青，觸目皆菩提。

㈡能所俱泯的直覺境。僧問首山：「什麼是佛法大意？」首山說：「新婦騎驢阿家牽。」（《古尊宿語錄》卷45）新婦騎驢，婆婆（阿家）牽繩，兩人都處於無心狀態，泯除了尊卑之分，貴賤之別，其中即存在著活生生的佛意。

㈢涵容互攝的圓融境。僧問：「什麼是佛法大意？」雲門禪師答：「面南看北斗。」（《五燈會元》卷15）面朝著南邊，看到的卻是北斗，表現了南北一體的圓融體驗。

㈣隨緣任運的日用境。僧問:「什麼是佛法大意?」禪師
答:「天冷的時候烤火,天暖了曬曬太陽。」(《五燈會元》卷
14)純乎天然,毫不做作。

傳 燈

佛教認為佛法能照破世界「冥暗」,像燈一樣,所以把傳
法叫傳燈。《維摩經・菩薩品》說,「無盡燈者,譬如一燈點
然了百千盞燈,黑暗的地方都被照得透亮,光明永不熄滅。」
《大智度論》卷100說:「你應當教化弟子,弟子再教化百餘
人,這樣一代代傳下去,最後的情形就像是一盞燈點燃了無
數的燈。」

《壇經・懺悔品》:「一燈能除千年暗,一智能滅萬年愚。」
《證道歌》:「建法幢,立宗旨,明明佛敕曹溪是。第一迦葉
首傳燈,二十八代西天記。」在這個意義上,禪宗把師徒間的
傳授,叫做「傳燈」,把記載傳法語錄的著作,也冠以「燈」
的名字。最著名的如《景德傳燈錄》、《天聖廣燈錄》、《建中
靖國續燈錄》、《聯燈會要》、《嘉泰普燈錄》,後來宋代的普濟
禪師對這五部書進行了刪削,編成《五燈會元》,至今仍然是
瞭解禪宗的最基本的典籍。

《竹窗合筆》:「自拈花悟旨,以至舂米傳衣,西域此方,
燈燈續照。而黃梅之記曹溪曰:『向後佛法,由汝大行。』乃
南嶽、青原,燦然為五宗,大盛於唐,繼美於宋,逮元尚多
其人,而今則殘輝欲燼矣。」說自從靈山會上,佛陀拈花,迦

葉微笑，承接了佛陀的大法後，傳到東土六祖慧能，開創了中國的禪宗，西域和中土大地，一代一代地弘揚禪法。當年五祖弘忍大師在黃梅對六祖預測說：「從你之後，禪法要大大地盛行起來。」六祖傳青原行思、南嶽懷讓等，青原行思數傳而開出雲門、法眼、曹洞三宗，南嶽懷讓數傳而開出溈仰、臨濟二宗，由唐及宋，禪風大熾。等到元明，還有高峰、中峰等一些著名禪師，到了清代，就開始黯澹無光了。

無功德

達摩大師是南印度香至國王的第三個兒子，投般若多羅出家後，精勤修持，深得師父器重。達摩遵從師囑在本國弘法，成為傳法第二十八祖。達摩後來辭別四眾弟子，渡過波濤洶湧的大海，前往遙遠的中國弘傳佛法。

達摩乘船遠渡重洋，三易寒暑，在梁武帝普通元年(520)到達南海。南海是梁朝的領地。當時蕭昂擔任廣州刺史，他聽說有西方高僧渡海而來，連忙備禮迎接，同時寫表章一道，派人飛馬趕至金陵，上奏梁武帝。

梁武帝經常口誦《放光般若經》，起寺度僧，支持佛教，人稱「佛心天子」。梁武帝閱過奏章，知道從南天竺來了一位高僧，龍心大悅，立刻派使者前往廣州迎達摩來到金陵宮中。

梁武帝問達摩：「朕自從即位以來，起寺、寫經、度僧、造像不計其數，不知有什麼功德？」

達摩斷然地回答說：「無功德！」

「為什麼沒有功德?」武帝一臉的疑惑。

「如果做善事而希求果報的話，就不是實在的功德。」

二人話不投機，不歡而散。達摩一眼看穿了梁武帝貪求福報的心理，知道自己的機緣不在這裡，便在一個深夜，暗地裡離開驛館。

達摩來到江邊，隨手折下一枝蘆葦拋入江中，葦葉立刻飄浮在水面上。達摩飛身躍向江中，輕落其上。蘆葦借助風勢，如一葉扁舟向江北駛去，須臾便到達岸邊。這便是傳說的達摩大師「一葦渡江」。

達摩來到嵩山少林寺五乳峰，在那裡面壁修行，等待時機。由於長時間面壁而坐，日光照射著他的影子，竟然在石壁上留下了一道印痕。

行善而欲為人知，乃是利己主義的表現。若只為求功德而行善，則其善行都是虛偽的，所以說「無功德」。一個施恩惠給別人的人，不把這種恩惠記在心頭，更沒有存著讓別人讚美的觀念，這樣即使是一斗米也可收到萬鍾的回報；一個用錢財幫助別人的人，不但計較自己對別人的施捨，而且要求人家的回報，這樣即使是付出一百鎰，也難收到一文錢的功德。施恩惠給別人而要對方感恩圖報，那麼連原來幫助別人的一點好心也會變質。被世人譽之為「佛心天子」的梁武帝竟然問出那麼沒有深度的問題，恰好露出了他行善而欲為人知的尾巴。

主持鎌倉圓覺寺的誠拙大師，深感他用來教學的地方太

狹小，不能滿足各地前來求學者的要求，因此想謀求更大的
場所。

　　江戶的富商梅津聽誠拙大師提起此事，便決定捐獻五百
兩黃金，建一座較為寬敞的講堂。

　　一天，他親自帶著這筆捐款送到誠拙大師的手裡，大師
一邊接錢，一邊隨口說道：「好罷，我收下了。」

　　梅津雖將一袋黃金交給了誠拙，但對大師這種態度十分
不滿。三兩黃金足夠一個人過一年舒服日子，而他捐了五百
兩黃金，卻連一個「謝」字也沒有得到。

　　梅津不由得提醒說：「大師，那只袋裡裝的是五百兩黃金
啊！」

　　誠拙依舊平淡地回答：「數字你已經對我說過了。」

　　梅津被大師的平淡激惱了，憤憤地說：「即使我是個富翁，
五百兩黃金對我來說也不是個小數目呀！」

　　誠拙大師聽後淡淡一笑，問：「梅津先生，因此你要我向
你致謝是嗎？」

　　梅津脫口而出：「那當然了。」

　　大師不由得板起面孔，說：「我為什麼應該感謝？施主才
應該感謝！」

一花開五葉

　　達摩來華在嵩山面壁九年，前來拜師求法的人中，有一
位叫慧可的僧人，立雪斷臂，最受達摩的器重。達摩臨終前

將禪法傳給慧可，說傳法偈云：

> 吾本來茲土，傳法救迷情。
> 一花開五葉，結果自然成。

「一花開五葉」指我國禪宗宗派的源流。「一花」指禪宗之源──由達摩傳入中國的「如來禪」；「五葉」指禪宗之流──六祖慧能門下的五個宗派。

靈山會上，世尊拈花，迦葉微笑，佛遂將大法傳於迦葉。「一花」就是世尊拈花，是「如來禪」的象徵。達摩來中國後，就是弘揚這種禪法，被尊為中國禪宗的初祖。自達摩經過六傳，至六祖慧能。慧能之後，中國禪宗分為兩系，兩系又分化出五宗，「五葉」就是指禪宗的這五家。後來，臨濟宗又衍化出黃龍、楊岐二派，所以又叫做「五家七宗」。

《法眼語錄》：「拂袖空山，九年冷坐。後得慧可，以續慧命。遞相授受，至六祖大鑒，衣缽不傳，單傳其法。一花開五葉之讖，其若是乎。」意思是達摩與梁武帝機緣不合，拂袖而去，在嵩山面壁九年，後來得到了慧可，將禪法傳授給他。傳到六祖慧能之時，為避免紛爭，不再傳衣缽，而單傳禪法。「一花開五葉」的讖言，說的就是這個。根據這段話，法眼禪師是把達摩的禪法看作「一花」，二祖至六祖慧能的五代相傳稱為「五葉」。這也代表了禪宗對「一花開五葉」的一種看法。

立雪斷臂

在達摩面壁的第三年，有位叫神光的僧人，為了求得正法，慕名而來。達摩在洞內打坐，理也不理他。

神光並沒有失望，他知道過去那些偉大的求法者，為了求道，沒有不經過嚴酷的考驗的。他堅定地守護在洞外。

有一天夜晚，天空飄起了大雪。神光一如既往地站在雪地裡，後來大雪埋住了他的雙膝，一直埋到腰部。

達摩終於開口問他：「你久立雪中，所求何事？」

神光說：「我是來求和尚開示的，希望和尚打開慈悲之門，普度苦難的眾生。」

達摩說：「只有吃世上之最苦，忍世上之最難忍，行世上之最難行，才能體會諸佛的無上妙道。小德小智，豈能瞭解佛道？」

神光為了表示自己獻身佛法的決心，揮刀斬斷左臂，呈獻在達摩面前。

達摩感動地說：「諸佛為了求法，不惜自己的身體和生命。你立雪齊腰、斷臂求法，可見你的心意之誠。你說說你有什麼困擾，我為你解除。」

「我的心不安穩，請師父為我安心。」

達摩說：「你把這個不安的心拿出來，我替你安。」

神光尋找好久，說：「我找不到它。」

達摩說：「我已經把你的心安頓好了！」

於是達摩為他起名慧可。

得骨得髓

　　達摩面壁的第九個年頭，一天，他召來四位弟子，鄭重宣布自己就要啟程返回南天竺了。徒弟們一聽，含淚挽留。達摩說道：「為師也捨不得離開你們，但是九年前我已答應南天竺國王，在我確定中土傳人之後就返回故鄉。現在就請你們各自說說跟隨我修習禪法的心得。」

　　道副搶先答道：「依我所見，禪是無法用語言文字確切表達的，所以不能拘泥於文字，但必要時又必須用文字加以說明，所以也離不開文字。」

　　達摩對道副說：「你算是得到了我的皮了。」

　　尼總持回答說：「我認為實相就好比阿䮚見東方妙喜世界，一見更不再見。所以我認為那描述感官事物的文字是虛妄不實的。」

　　達摩看了看尼總持說：「你算是得到我的肉了。」

　　接著，道育回答說：「我的見解是無一法可得。因為宇宙萬法都是虛幻的，既非語言所能描述，也不是凡心所能感知。宇宙萬法尚且如此，更何況能感知到的色相哩！」

　　達摩注視著道育說：「你算是得到了我的骨。」

　　最後輪到慧可，只見他向前跨上一步，恭敬地向達摩行了個禮，然後回到原來的地方，默然而立。

　　達摩望著慧可，師徒二人相視而笑。達摩點點頭說：「慧可，你算得到我禪法的精髓了！」

　　達摩密示慧可說：「過去，如來以正法眼藏付囑迦葉大士，

輾轉相傳以至於我，我現在就把它傳給你，你要善加護持。
我還要將祖傳袈裟傳給你，作為我派佛法相傳的信物。今後
你遇劫逢難時，可出示袈裟並說出我的傳法偈，用以表明身
分，便可逢凶化吉，遇難呈祥。大約到我圓寂之後二百年時，
就可以停止傳授佛缽袈裟了。因為那時我所弘揚的禪法將傳
遍中土大地，以心傳心，用不著以衣缽取得徵信了。現在你
仔細聽著傳法偈：吾本來茲土，傳法救迷情。一花開五葉，
結果自然成。」

　　慧可暗將傳法偈記在心中，成為中土禪宗二祖。

　　後來，中土禪宗形成了溈仰宗、臨濟宗、法眼宗、雲門
宗、曹洞宗五大派，果然印證了達摩「一花開五葉」的預言。

有情來下種

　　《壇經·行由品》載五祖弘忍傳法給六祖慧能的禪偈：

> 有情來下種，因地果還生。
> 無情即無種，無性亦無生。

　　眾生具有靈明不滅的自性，遇到明師指點（「有情來下
種」），機緣成熟，即可結出碩果。相反，如果是根性愚鈍的
人（「無情即無種」），就難以開悟成佛了。即使有明眼宗師費
心啟悟，他也不可能荷承大法。

　　因為這個緣故，禪宗付法，尤其注意選擇對象，像五祖

的禪法，只能是「能者得之」(《景德傳燈錄》卷3。「能」暗指慧能)，而對於那些鈍根之人，師家的態度是「千鈞之弩，不為鼷鼠而發機」(《景德傳燈錄》卷12《思明》)、「獨掌不浪鳴」(《景德傳燈錄》卷21〈曉悟〉)，就沒有必要多費口舌了。

時時勤拂拭，莫使惹塵埃

慧能本是廣州一位盧姓人家的孩子。當他聽到弘忍大師在湖北黃梅弘法時，就投到弘忍門下，一番應對，深得弘忍的讚許。為了進一步磨練他，弘忍讓他去碓房舂米。慧能依言在碓房勞作。由於身子輕，就在腰間繫了塊石頭踏碓。

過了若干日子，弘忍知道自己選擇繼承者的時機已經成熟了，便召集門下七百名弟子，嚴肅地說道：「正法難傳，不要只是把我的話作為你們修行的準則。你們應按照個人的體驗作一首偈子，誰的偈子與正法相契合，我就將衣缽傳付給誰。」

弘忍的大弟子神秀知識廣博，通曉佛教內外的學問，為其他弟子所推崇。眾弟子議論道：「五祖求偈傳法，非神秀師兄莫屬，我們都可以免作了。」神秀聽此讚譽，暗自高興，仔細琢磨，作了首偈語：

身是菩提樹，心如明鏡臺。
時時勤拂拭，莫使惹塵埃。

　　作成之後，便書寫在牆壁上，眾人一見，紛紛叫好。弘忍聽到眾人圍觀叫好之聲，讀了之後，知道是神秀所作，讚歎地對眾門人說：「你們按照此偈所說的去修行，必能有所成就。」然後叫眾弟子念誦此偈。

　　這天晚上，神秀來到弘忍的房裡，弘忍說：「你的這首偈子寫得不錯，但還不夠透徹，下去再作一首吧。」神秀聽了，精神緊張，怎麼也做不出來了。

　　神秀的這首偈子把堅持不間斷修行的原因以及結果充分表現了出來，體現了北宗禪法漸修的特色。由於弘忍見偈後未加印可，神秀遂未能得到弘忍的衣缽。

本來無一物，何處惹塵埃

　　當眾人喧傳神秀偈子的時候，慧能正在碓坊舂米。他聽到外面有議論聲，就問是怎麼回事，有人告訴他：「弘忍大師準備傳付衣缽，讓弟子們各作一偈以表達對禪的體驗。誰的體驗最深，就將正法傳給誰。神秀上座作了一偈，弘忍大師對此偈很讚賞，大家現在都在傳誦，看來衣缽肯定是要傳給他了。」接著把神秀的偈子朗誦了一遍。

　　慧能沈默了一會兒，說：「神秀上座的這首偈子寫得不錯，可惜還沒有能夠見性。」

　　那僧聽了，不相信地搖了搖頭，說：「你一個舂米漢能知道些什麼！」

　　這天晚上，慧能也做了一首偈子，請一位居士寫在神秀

偈的後面：

> 菩提本無樹，明鏡亦非臺。
> 本來無一物，何處惹塵埃？

第二天，眾人發現神秀上座的偈旁又多了一偈，誦讀之餘，紛紛讚不絕口。弘忍聞訊趕來，看了之後，卻說：「這是誰寫的？」然後，脫下草鞋將偈語擦去，背著手走回方丈室中去了。

慧能這首偈子說，既沒有菩提樹，也沒有明鏡臺，它們都是空的，什麼東西都沒有，又哪來的塵埃？既無塵埃，又怎用得著拂拭？這首偈與神秀的那首針鋒相對，比神秀的偈子更能體現禪的精神。它直指人心，認為人的本心便是一切，它是天生清淨的，談不上有什麼塵埃，只要見到了這個本心，便能頓悟成佛。時時勤拂拭的功夫，如同畫蛇添足，純屬多餘。

這天夜裡，慧能忽然接到師父的密令，趕到方丈室去見他。來到方丈室，弘忍用袈裟遮住窗口的燈光，免得外邊的人看到。他先是為慧能講授了《金剛經》的精華，然後對他說：

「諸佛出世是為了使眾生開悟成佛這件大事，因此往往隨機緣的大小根性的深淺而加以引導，也就是說有十地修習，有三乘解脫，有頓悟成佛等佛法要旨，這些都是佛教修行的

途徑。我佛以心傳心，心心相印，將大法傳付給迦葉，再經
迦葉輾轉傳授，遂有四天二十八祖。第二十八祖達摩大師來
到中國，將正法傳給慧可大師，然後代代相傳到我，今天我
將佛缽和袈裟再傳給你，你要好好地珍惜愛護，切記不可斷
絕法統。你現在聽我說一偈：『有情來下種，因地果還生。無
情既無種，無性亦無生。』」

慧能跪拜在地，恭敬地接受了五祖弘忍大師的衣缽。

風動、幡動

慧能得了弘忍衣缽，隱居在廣東曹溪，待緣而化。十餘
年後他來到廣州法性寺，正值印宗法師講《涅槃經》。當時有
風吹幡動，兩個僧人便爭論起來，一個說是幡在動，一個說
是風在動。

慧能聽了，說：「不是風動，也不是幡動，而是仁者的心
在動！」

二僧大驚，稟報了印宗法師。印宗一聽，知道來者並非
凡人，就請他登上法坐說法。慧能登座說法，一座大驚。

這天晚上，印宗把慧能請到自己的房間裡，說：「我聽說
弘忍大師的禪法南傳了，莫非你就是他的傳人？」慧能說：「正
是。」於是取出袈裟，金光燦爛。印宗拜倒在地，當即為慧能
削髮，拜慧能為師。第二天親自攙扶著慧能登上法座，宣布
這一特大喜訊。

從這以後，慧能在曹溪大倡頓悟法門，主張不立文字，

教外別傳，直指人心，見性成佛。他用通俗簡易的修持方法，取代繁瑣的義學，形成了影響久遠的南宗禪，成為中國禪宗的主流。

風動幡動的故事，最早見成書略早於敦煌本《壇經》的《歷代法寶記》。二僧爭論風動還是幡動，注意的只是施者與受者的關係，是毫無意義的膚淺之爭。慧能的人心自動之說，則純屬禪門本色。慧能在否定了風動、幡動等觀點後，明確提出了「心動」之說，這就把全部問題歸結於「自心」。

慧能說過：「一切萬法，不離自性」（《壇經·行由品》），「心生種種法生，心滅種種法滅」（《壇經·付囑品》），世間一切萬有，盡由自心變幻而生。佛家常說：「三界唯心，萬法唯識」，意思是一切物質現象都是「心」的變現和展開。所以慧能說不是風動，不是幡動，而是「心」在動。

在慧能看來，凡所有相，皆屬虛妄。因為諸相都是心念妄起執著的產物。慧能在否定了風動、幡動等觀點後，直接指明風幡之動，根源於一念妄心。正是這一念妄心，決定了眼識追逐風動幡動的色塵，不能解脫。

這則公案，由於意義重大，宋代以後，已成為文人、禪客的熟典，引發了無數禪僧、詩客的吟詠。僅《頌古聯珠通集》卷7，就記載了吟頌風幡的詩偈五十餘首。其中值得注意的有如下數例：

其一，風幡公案自古以來知音罕遇：「不是風動是心動，似倩麻姑癢處搔。天外孤鶯誰得髓，何人解合續弦膠？」（崇

覺空）詩意說這則公案像請長爪麻姑搔癢一樣，給人的感覺真是痛快無比。古代神話，稱鳳麟洲以鳳喙麟角合煮作膠，名續弦膠。詩用此典，說風幡公案猶如彈奏鸞鳳之音的琴弦，久已絕響，慨歎無人能夠接續這則公案的意旨。

其二，本則公案係祖師明白曉示：「滄溟直下取驪珠，覿面相呈見也無？到此不開真正眼，膏肓之疾卒難蘇。」（道場如）驪龍頷下的寶珠是極其珍貴的東西，詩意說這則公案直探珍寶，把要義明明白白地告訴給你。如果到了這個地步，你還沒有打開智慧之眼，就是病入膏肓，不管用什麼藥也救不過來了。

其三，對本則公案不可以知性解會：「浪靜風恬正好看，秋江澄澈碧天寬。漁人競把絲綸擲，不見冰輪蘸水寒。」風微浪止，秋江澄澈，碧天遼闊，這是多麼美麗的景致啊。可惜打魚的人紛紛用絲網在撈魚捕蝦，不肯停下來欣賞冰輪般的明月映在水裡的美妙景色。用絲網捕魚，卻無法撈取明月，比喻用機巧之心來看待本則公案，是無法得到它的真正意義的。

其四，認為「仁者心動」的「心」指真心，認為真心不動，而對慧能提出異議：「不是風幡也可疑，卻言心動甚言詞？天生不受形容者，舉世何人見得伊！」（朴翁銛）這是做的翻案文章，說真如本心，不受任何語言的形容描畫，從來沒有人能夠見到它。

其五，認為「仁者心動」的「心」指妄心，主張摒棄妄

心趨向真心：「相爭但見風幡動，不肯回頭識動心。從此老盧露消息，松風江月盡知音。」（夢庵信）

禪風禪法

當頭棒喝

當頭棒喝是禪宗祖師接化弟子的特殊方式。禪宗認為佛法不可思議，開口即錯，動念即乖。在接引學人時，師家為了粉碎學人的迷情，或考驗其悟境，或用棒打，或大喝一聲，以暗示與啟悟對方。

相傳棒的施用始於唐代的德山，喝的施用始於馬祖道一，故有「德山棒，臨濟喝」之稱。

百丈曾說：

「佛法不是小事，老僧昔日參馬祖，被馬大師一喝，直得三日耳聾眼暗。」（《景德傳燈錄》卷6）

棒喝之下，使學人根塵震落，大徹大悟，明見本心。而一旦開悟之後，作為方便法門的棒喝就純屬多餘，因此清遠禪師說：「著肉汗衫如脫了，方知棒喝誑愚癡。」（《古尊宿語錄》卷34）把「著肉汗衫」——生命中的一切執著都放下，此時方知行棒行喝，都是教化愚癡之人的方便手段罷了。

在禪門裡，以臨濟義玄最善於喝。臨濟在黃檗處三度問法，三度被打，後參大愚禪師得悟，回復黃檗。黃檗云：「這

瘋顛漢，竟敢來這裡捋虎鬚。」臨濟便大喝一聲！此後應機接化，多用大喝，有著名的臨濟四喝。

　　據稱，一喝之時，大地震動，一棒之下，須彌粉碎，棒喝遂衍為禪的宗風。

與天下人作陰涼

　　《涅槃經·聖行品》說，住在佛樹蔭涼底下的人，能完全摒棄煩惱的毒素。禪者嚴格地修行，最後成為芘蔭天下人的大樹，給苦惱的人生以蔭涼。

　　臨濟義玄俗姓邢，曹州（今山東荷澤）南華人。他的師承頗為廣泛，而直接啟發他大悟的，則是黃檗希運禪師。

　　臨濟落髮受具後，精究佛教律學，博通經論，隨後輾轉來到江西黃檗山參見希運禪師。在黃檗會下，義玄以行業第一著稱。當時睦州擔任首座，看到義玄開悟的機緣已經成熟，就點化他說：「你到這裡已有多時，為什麼不去問話?」

　　臨濟問：「問什麼呢?」

　　睦州說：「你就問：『什麼是佛法大意?』」

　　臨濟便去問黃檗，話還沒有說完，黃檗抬手就打。

　　義玄回來後，首座問：「你去問話怎麼樣?」

　　義玄答道：「我話還沒有說完，和尚就打。」

　　首座說：「你再去問。」

　　義玄又去問，黃檗又打。就這樣三度發問，三度被打。義玄便對首座說：「承首座提醒去問話，我三度去問，三度被

打。恐怕我的因緣不在這裡，我還是到別處去參訪吧。」

睦州說：「你如果要走，也要去跟師父說一聲。」之後，睦州先來到黃檗處，對他說：「這個年輕人，非常難得，師父何不雕琢雕琢，使他成為一株大樹，留給後人作蔭涼呢？」

黃檗點頭同意。義玄來辭行的時候，黃檗說：「你要想獲得開悟，不能到別的地方去，只要到高安灘頭大愚和尚那裡，他一定會啟發你。」

經過黃檗、大愚等精心培育，臨濟後來果然成為一位偉大的禪者，以無盡的蔭涼庇陰後人。

老婆心切

臨濟來到了大愚那裡，問大愚：「我在黃檗師父處，三度問法，三度被打，我到底錯在哪裡呢？」

大愚說：「黃檗這麼老婆心切，只是為了使你能夠早日開悟，他都快被你累死了，你還在這裡問有什麼過錯！」

臨濟聽了，頓時大悟，說：「原來黃檗佛法無多子！」

大愚一把掐住他說：「你剛才還問有過無過，現在又怎敢說黃檗佛法無多子。你看出了什麼道？快說，快說！」

臨濟便向大愚肋下搗了三拳。

大愚一把推開臨濟，說：「你的師父是黃檗，不干我的事。」

義玄辭別大愚，回到黃檗處。黃檗一見就說：「這傢夥來來去去，還有完沒完？」

義玄說：「昨天領受和尚的意旨，參見了大愚後回來。」

黃檗問：「怎麼這麼快就回來了？」

義玄說：「只因為師父您老婆心切！」

黃檗說：「大愚有什麼話語？」

義玄把經過向黃檗敘說了一遍。黃檗說：「這大愚太饒舌多事，待明日見了，非痛打他一頓不可！」

義玄說：「說什麼明天，現在就揍他一頓！」

一邊說著，一邊向黃檗飛掌而擊。

黃檗呵呵大笑：「這瘋顛漢，敢來這裡捋虎鬚！」

義玄便大喝一聲。

黃檗回顧侍者說：「領這瘋顛漢參堂去吧。」

「老婆心切」指苦口叮嚀，在這裡用作褒義。禪宗提倡「直指人心」，反對拖泥帶水絮絮叨叨，因此稱像老太婆那樣愛絮叨者為「老婆心」或「老婆禪」。宋代圓悟克勤禪師拈出禪門著名公案一百則，加以評唱，集為《碧巖錄》10卷，影響很大，方回在《碧巖錄》序中說：「禪宗所說的第一義，哪裡用得上什麼言句？圓悟對公案有如此詳細的解說，真是老婆心切。」《碧巖錄》流行開來後，人們往往通過圓悟的解釋來理解公案，而不再親自去苦心參究。大慧宋杲為了救此流弊，火燒《碧巖錄》版，禪林為之震動。大慧在談到其中原因時說：

「如果讓我開始時給弟子們拖泥帶水地說老婆禪，等他們一朝真正開悟後，肯定會把我罵死。所以古人說：我不看重先師道德，只看重先師不為我說破。」（《大慧語錄》卷30）

啐啄同時

冬夜，山風凜冽，百丈禪師一覺醒來，凍得渾身哆嗦。他伸手探探床前的火盆，尚有一絲溫熱，於是吩咐侍立一旁的靈佑說：「你撥一撥爐中，看看有火沒有？」

靈佑拿起火棍草草撥了兩下，說：「師父，爐中沒火了。」

百丈禪師站起身來，拿過火棍深深一撥，撥出一點火星，給靈佑看，並說：「你說沒有火，這是什麼？」

靈佑頓覺醍醐灌頂，豁然開悟，忙叩首謝師。

百丈又說：「靈佑，你先前未悟只是暫時的。經書上曾說，要想認識佛性的義理，應當觀察時節的條件和關係。時節既然到了，如迷忽悟，如忘忽憶，才能了悟本體心性不是從身外去尋找的。對此你今天已經有所認識，自己應好好地愛護。」

「火」喻比本體心性，原本自身已具備，迷時不見悟時逢。潙山由此發悟，百丈因此說對於本體心性的了悟，就好比小蟲蝕木一樣，雖則偶然，但點滴積累，總會了悟的。

不管覆蓋在修行者純粹人性之上的煩惱有多厚，只要不失時機地深撥，終究還是可以使純真人性顯露出來。由此可見，一個高明的禪師，往往能把握住啐啄同時的時機。

《碧巖錄》第十一則說：大凡雲遊的人，應具有啐啄同時的應用，方可稱為衲僧（真正的禪僧）。」雞蛋快要孵出小雞時，小雞在殼裡嗑，這叫「啐」；母雞在殼外嗑，這叫「啄」。啐啄同時，新的生命才能產生。如果沒到一定的時機，則母雞的啄不但無益，反而會給殼裡的小雞帶來危險。潙山悟道

因緣，就很好地體現了把握得恰到好處的啐啄之機。

箭鋒相拄

　　與啐啄同時一樣，禪宗經常用「箭鋒相拄」來表示禪機的迅捷激烈。

　　過去的禪師們非常注意訓練年幼門徒的論辯功夫。

　　有兩派禪院比鄰而居，各有一名小沙彌負責採購。其中的一個每天早上到市場買菜時，總會與另一個碰面。

　　「你到哪裡去?」其中的一個問道。

　　「腳到哪裡，我到哪裡。」另一個答道。

　　這個小沙彌感到難以回答，於是向他的師父求教應對之術。

　　師父對他說:「明天早晨，你遇見那個小傢夥時，如果他再這樣答你，你就問他:『如果沒有腳你到哪裡去?』這樣你必勝無疑。」

　　次日清晨，兩個小沙彌又相見了。

　　「你到哪裡去?」前一個問道。

　　「風到哪裡，我到哪裡。」另一個答道。

　　這句答話又難倒了他，於是他又向師父求教。

　　師父提示說:「你去問他:『假如沒有風你到哪裡?』」

　　第三天早晨，這兩個孩子又相遇了。

　　「你到哪裡去?」前一個問道。

　　「我到市場去。」另一個回答。

黃葉止啼

《涅槃經‧嬰兒行品》說，小孩子啼哭的時候，父母就拿了一片黃葉哄他：「不要哭，不要哭，給錢給你買東西吃。」小孩子看到了，以為真的是金子，就不再啼哭。而實際上，這只不過是黃葉，並不是真金。

嬰兒無知，比喻眾生；嬰兒啼哭，比喻眾生作惡受苦。所謂「黃葉止啼」就是指佛門中常說的「先以欲鈎牽，後令入佛智」。

「黃葉止啼」屬於權教，即應機設教、暫用還廢的方便法門，屬於漸修而不是頓悟。因此神晏禪師說：「禪道不過是止啼之說。佛陀祖師出現於世，看到人的根性有高低的不同，就如同黃葉止啼般地運用了種種方便法門。」(《五燈會元》卷7) 仰山禪師也說：「禪宗大師運用各種方便，是為了遣除你粗淺偏邪的見解，就好像黃葉止啼一樣。」（同上，卷9）

四種馬

一天，釋迦牟尼佛坐在王舍城的竹林精舍裡，出去托缽的弟子們陸陸續續地回到精舍，一個個威儀具足，神態安詳。弟子們靜靜地走到水池旁邊，洗去沾在腳踝上的塵土，然後端端正正地坐在坐具上，等待佛陀的開示。

佛陀結金剛座，慈祥地說：

「世上有四種馬：第一種是良馬，主人為牠配上馬鞍，套上轡頭，牠能日行千里，快速如流星。尤其可貴的是，當

主人揚起鞭子，牠一見到鞭影，便知道主人的心意，遲速緩急，前進後退，都能夠揣度得恰到好處，不差毫釐。這是能夠明察秋毫的第一等良馬。

「第二種是好馬，當主人的鞭子抽過來的時候，牠看到鞭影，不能馬上警覺。但是等鞭子掃到了馬尾的毛端時，牠也能知道主人的意思，奔馳飛躍，也算得上是反應靈敏、矯健善走的好馬。

「第三種是庸馬，不管主人多少次揚起鞭子，牠見到鞭影，不但毫無反應，甚至皮鞭如雨點地抽打在皮毛上，牠都無動於衷，反應遲鈍。等到主人動了怒氣，鞭棍交加打在牠的肉軀上，牠才能開始察覺，順著主人的命令奔跑，這是後知後覺的庸馬。

「第四種是駑馬，主人揚鞭之時，牠視若未睹；鞭棍抽打在皮肉上，牠仍毫無知覺；直至主人盛怒之極，雙腿夾緊馬鞍兩側的鐵錐，霎時痛刺骨髓，皮肉潰爛，牠才如夢方醒，放足狂奔，這是愚劣無知、冥頑不化的駑馬。」

佛陀說到這裡，停頓下來，眼光柔和地掃視著眾弟子，看到弟子們聚精會神的樣子，心裡非常滿意，繼續用莊嚴而平和的聲音說：

「弟子們！這四種馬好比四種不同根器的眾生。第一種人聽聞世間有無常變異的現象，生命有殞落生滅的情境，便能悚然警惕，奮起精進，努力創造嶄新的生命。好比第一等良馬，看到鞭影就知道向前奔跑，不必等到死亡的鞭子抽打

在身上，而喪身失命後悔莫及。

　　「第二種人看到世間的花開花落，月圓月缺，看到生命的起起落落，無常侵逼，也能及時鞭策自己，不敢懈怠。好比第二等好馬，鞭子才打在皮毛上，便知道放足馳騁。

　　「第三種人看到自己的親族好友經歷死亡的煎熬，肉身壞滅，看到顛沛困頓的人生，目睹骨肉離別的痛苦，才開始憂怖驚懼，善待生命。好比第三等庸馬，非要受到鞭杖的切膚之痛，才能幡然省悟。

　　「而第四種人當自己病魔侵身，四大離散，如風前殘燭的時候，才悔恨當初沒有及時努力，在世上空走了一回。好比第四等駑馬，受到徹骨徹髓的劇痛，才知道奔跑。然而，一切都為時過晚了。」

　　禪宗著名的公案集《碧巖錄》記載，有個外道自以為智慧無雙，到處找人鬥法。一天他找到了釋迦牟尼。

　　外道問佛：「不問有言，不問無言。」

　　佛沈默不語。

　　外道便說：「世尊大慈大悲，撥開了眼前迷雲，讓我得以進入奇特的覺悟之境了。」

　　外道走後，阿難問佛：「外道悟了些什麼呢?」

　　佛說：「這就像第一種的良馬，瞥見鞭影便知趕路。」

雲門三句

　　雲門宗之祖雲門文偃禪師用以接化學人的三種語句是：

涵蓋乾坤、截斷眾流、隨波逐浪。

「涵蓋乾坤」，指真如自性充滿天地之間，涵蓋整個宇宙。

「截斷眾流」，指用峻烈的機法斷除學人的煩惱妄想，截斷其奔馳的意念之流。

「隨波逐浪」，指師家對參學者應機說法，施行活潑無礙之化導。這三句廣為雲門宗所用，稱之為雲門劍、吹毛劍。

「雲門三句」雖然各有其強調的重點，但這僅是方便權宜，雲門同時又強調「一鏃破三關」，因此他回答學僧的話，經常使用一字或一句，而在這一字或一句中，又含有「三句」的意思，所以圓悟禪師說「雲門一句中，三句俱備」。

雲門法語充分印證了這一點。如：

僧問：「什麼是清淨法身？」

雲門答：「花藥欄。」

雲門用「花藥欄」表示清淨法身，既表露了清淨法身遍於一切處，大道無所不在，是涵蓋乾坤的第一句，又是對學人清淨意念的斷除，是截斷思維之流的第二句；同時又是對機接引，是隨波逐浪的第三句。

僧問：「什麼是超佛越祖之談？」

雲門答：「蒲州麻黃，益州附子。」

也反映了一句中具有三句的特色。蒲州產麻黃，益州產附子，藥性不同，需要對症下藥，正如禪師應學人根機的不同而對機接引，是隨波逐浪的第三句；這些藥材蒲州、益州處處皆有，是涵蓋乾坤的第一句；麻黃附子，都是平凡普通

的藥材，是用平凡截斷奇特的第二句。

黃龍三關

　　臨濟宗黃龍派的說教方式是著名的「黃龍三關」。

　　黃龍慧南室中常問僧：「人人盡有生緣，上座生緣在何處?」

　　正當問答交鋒，卻復伸手曰：「我手何似佛手?」

　　又問諸方參請宗師所得，卻復垂腳曰：「我腳何似驢腳?」三十餘年，示此三問，學者莫能契旨。天下叢林目為三關。

　　第一問意為人人皆因前世因緣轉生而來，誰也擺脫不了業報輪迴；第二問謂人的心性與佛相同，都有成佛的可能；第三問，認為人與其他眾生，也無本質區別。表示既能輪迴六道，也能覺悟成佛。第二問和第三問乃是建立在博大深廣的同情心的基礎之上的，既讓人看到成佛的可能和希望，又使人警覺墮落於輪迴的危險。

　　對黃龍三關的另一種看法是：黃龍設此三關的用意，是針對當時的文字禪而試圖展開一種簡易的、令人觸機即悟的教學方法，不致讓參學者墮於言句之中，以恢復過去那種明快的禪風。所謂三關，實指開悟的三個階段。一是「初關」，二是「重關」，三是「生死牢關」。它們的關係是一「破」，二「立」，三「出」。

　　初關，是要求參學者首先破除世俗「邪見」，立一切皆空的「正見」。

　　重關，是說由於悟得一切皆空的道理，故而明白所見宇宙萬有只是一心之所現，境智一體，融通自在，這時便進入精神上相對自由境界。

　　生死牢關，是學人的最後一關。出得此關，就進入悟後的境界，獲得精神上的絕對自由。

野狐禪

　　百丈禪師說法的時候，總有一個老人去聽。眾人散去，老人也離去。

　　忽然有一天，別人都走了，老人還不走。

　　百丈問：「你為什麼還不走?」

　　老人說：「我不是人啊。過去迦葉佛在世時，我曾住持此山，宣講佛法。當時有一個學生問我：『大修行的人還落因果嗎?』我說：『不落因果。』就為這一句話，五百世墮為野狐身。現在請和尚大發慈悲，為我轉迷開悟，好讓我脫離野狐之身。」

　　「好吧，」百丈說：「現在你就問我好了。」

　　老人便問：「大修行的人還落因果嗎?」

　　百丈朗聲答：「不昧因果!」

　　老人言下大悟，作禮說：「我已經脫離野狐之身了。我住在後山，希望和尚能按僧人去世的慣例為我做法事。」

　　百丈遂令人擊鼓示眾說：「飯後送亡僧。」

　　眾人都很疑惑：大家都很平安，一個病人也沒有，哪來的亡僧可送?

　　飯後，百丈帶領眾僧，到後山岩洞中，用禪杖挑出一隻野狐，依亡僧的儀式把牠火葬了。

　　因果律是佛教最基本的教義之一，生滅有為之法，均受其支配。老人以為「大修行人」可以不落因果，自誤而又誤人。百丈一字之易，使他體會到因果不可昧，便脫了野狐身。禪宗習用這個典故，斥責那些還未見性而妄稱開悟，似是而非，不契禪之真義，卻自許為得禪之三昧，欺世惑人者，就是自誤誤人的野狐禪。

　　以下，是一則日本野狐禪的例子。

　　在日本，任何遊方僧人想要留宿寺院，必須在法戰中獲得寺主的首肯。

　　某寺住有師兄弟二人，師兄博學多聞，師弟不僅根機遲鈍，而且有一目失明。

　　一天，有一遊方和尚遠來投宿，依規矩應當辯論上乘義理。這天，師兄因為讀經太多，身體疲乏，便囑師弟以「無言對答」代他接應來僧。

　　於是，師弟便與來僧同到法堂坐定，開始法戰。

　　不久，就見來僧起立，走向丈室說道：「大師師弟果是法將，學人已被擊敗，特來告辭！」

　　「試將經過道來！」方丈說道。

　　來僧說道：「首先，我豎一指，表示大覺世尊，人天無二；他就豎起兩指，表示佛、法二者，一體兩面，是二而一。

　　「之後，我豎三指，表示佛、法、僧三寶，和合而住，

缺一不可；他就在我面前捏起拳頭，表示三者皆由一悟而得。至此，我已技窮，無法再戰。因此，他贏我輸，無權掛褡寄宿，只得離去！」

來僧走後不久，師弟追到方丈室，追問道：「剛才那禿驢躲到哪裡去了？」

「我知你已贏他，恭喜師弟了。」師兄說道。

「一點也沒贏，我要揍他一頓！」師弟氣哼哼地說。

「這是怎麼回事？」師兄不解地說。

師弟解釋道：「哼！他向我瞧了一眼，接著就豎起一指，諷刺我只有一隻眼睛！我因他是來客，必須禮貌，所以就豎起兩指，表示他有兩隻眼睛，比我幸運。誰知這禿驢無禮，竟然舉起三根指頭，暗示我們兩個人只有三隻眼睛！你說氣不氣人！因此我舉起拳頭，正要好好揍他一頓，誰知這個軟蛋拔腿就向你這邊逃來！」

一日不作，一日不食

百丈禪師經常與弟子們一起勞動，鋤草、種地、收割、打麥無所不能，即使到了八十高齡，仍然堅持不輟。

弟子們見他年紀大了，怕他勞累，勸他休息，可他就是不聽。

弟子們思來想去，終於想出了一個辦法：把師父的勞動工具藏起來，他找不著工具，就不會去勞動了。

這天吃過早飯，百丈禪師習慣地去拿工具，然而任他怎

麼找，也找不到一件工具。

百丈禪師當日沒有做工，也沒有吃東西，第二天仍然如此。

弟子們為此議論紛紛，說：「師父是因為我們藏了他的工具而生氣了。」最後大家商議，還是把工具放回原處。

第三天早晨，他們悄悄地放回了工具。於是，百丈禪師又開始工作，同時也開始吃東西了。

到了晚上，他對大家訓示說：

「一日不作，一日不食。」

表面上看，這句話是說一天不工作，一天不吃飯。深一層的含義則是，一天不修行，一天不吃飯。

禪需自悟

圓悟克勤禪師有一個得意的弟子叫大慧宗杲，是宋代非常著名的禪僧。

大慧宗杲的門下，有一個和尚名叫道謙。他參禪多年，仍沒有發現禪的奧秘。後來，大慧宗杲派他出遠門去辦事，他非常失望。為時半年的遠行，在他看來，對他的參禪有害無益。

他的同門宗元和尚對他十分同情，說：「我同你一塊去好了。我想我可以盡我的全力來幫助你，沒有任何理由使你不能在路上繼續參禪啊。」於是，他們一起遠行。

一天晚上，道謙向宗元訴說了自己久參而不能悟道的苦

惱，並請求宗元幫忙。

宗元說:「我能幫助你的事儘量幫助你，但有五件事我是無法幫助你的，這五件事你必須自己去做。」

道謙忙問是哪五件事。

宗元說:「當你肚餓口渴時，我不能代替你吃飯、喝水，你必須親自吃飯、喝水；當你想大小便時，你必須自己來，我一點也幫不上你。最後，除了你自己之外，誰也不能馱著你的身子在路上走。」

這席話立即打開了道謙的心扉，他頓時感到快樂無比。

於是，宗元說:「我的事已做完了，再伴遊下去已經沒有什麼意義，你繼續前行吧。」

半年之後，道謙回到了原來的廟裡。大慧宗杲在半山亭遠遠地看見他，高興地說:

「這個人連骨頭都換了!」

本心的澄明

打開無盡藏，
運出無價寶。
不依倚一物，
顯示本來人。

　　參禪悟道，是為了明心見性，即見到本心、自性。這個本心、自性，在禪宗看來，澄明、純真、無染、圓滿。為了表示它，禪宗使用了「本來面目」、「無位真人」、「桃源春水」、「寸絲不掛」等一系列禪語。

　　「本來面目」側重於本心的澄明、無染；「無位真人」側重於自性的獨立、尊貴；「桃源春水」側重於自性的純真、美麗，「寸絲不掛」側重於自性的超越、灑脫。

　　在每一組禪語中，又使用了一系列禪語來表示，從而形成了博大、豐富、厚重、精彩的表達本心的禪語體系。

本來面目

本來面目

　　《壇經·行由品》：「不思善，不思惡，正與麼時，那個是明上座本來面目？」

　　「本來面目」猶言「本覺真心」，是純明的本心，是未出世前即存在於胎藏中的純真人性。禪宗明心見性，即是見到「本來面目」。從慧能「不思善，不思惡」的話中可知，「本來面目」就是超越相對二元觀念的純明本心。

　　當年弘忍將衣缽傳給了慧能，為了避免紛爭，讓他連夜赴往南方，避避風頭，儘管如此，其他的人還是很快知道了。眾人憤憤不平，沒有跟師父打招呼，就往南方追趕。其中一

個叫惠明的，曾經當過大將軍，勇力過人，一馬當先地追了
上去。

　　到了江西大庾嶺上，惠明終於追上慧能。他截住去路，
厲聲喝道：「快將師父給你的衣缽交出來，否則別想離開！」

　　慧能見惠明擋道，後面一夥僧人遠遠趕來，想起師父說
過袈裟只是外在信物的囑託，便將包袱中的袈裟取了出來，
放在一塊大石頭上，說：「你要就儘管拿去吧。」

　　惠明見地上的袈裟金光閃閃，急忙俯身去揀，但不知為
什麼，看似輕飄飄的一襲袈裟，卻怎麼也提不起來。惠明這
才明白這件袈裟並非什麼人都能受得起，立即跪拜在地說：
「我並非為這件袈裟而來，我是為佛法而來。請師父為我說
說禪法要旨。」

　　慧能感歎地說：「你能夠說出這樣的話，可見還是很有善
根。現在你且屏除一切雜念，靜心斂意，我才好為你說法。」

　　過了一會，見惠明把心調好了，慧能陡然發問：

　　「不思善，不思惡，正當這個時候，什麼才是你明上座
的本來面目？快說！快說！」

　　惠明被慧能這麼一逼問，驚出一身冷汗，恍然大悟，感
慨地說：「這禪悟的體驗，真是如人飲水，冷暖自知啊。謝謝
師父的慈悲指引。」當下頓悟，明見了真性，不但不再搶奪袈
裟，反而皈依了慧能，領著後面追上來的一干人回去了。

　　「本來面目」是禪宗對本心的典型象徵，它側重於本心
的原真性。參禪的終極目的是明心見性，徹見「本來面目」。

「本來面目」，又叫「本地風光」、「本覺真心」、「本分田地」、「自己本分」等，是本來的自己，人人本具，超越一切對立。「不思善不思惡」揭示了「本來面目」超越善惡的質性。善惡指所有的二元相對觀念，善惡不思，自見佛性。將相對意識泯除，不隨聲色，不居凡聖，不落見聞，不涉語默，融古今，齊物我，平得失，等去來，即可徹見「本來面目」。

本來人

「本來人」是清淨圓滿的本心。

學僧問：「本來人還要不要成佛？」

長沙景岑禪師反問：「你看見大唐天子還親自種田割稻嗎？」（《景德傳燈錄》卷10）

本心澄明圓滿，本身是佛，不需要再另外成佛，正如大唐天子不需親自種田割稻。「本來人」存在於每個人的生命深處，卻往往不為人們所認識。這是因為人們尋聲逐色，因而斫喪了生命的本真。禪宗主張，「萬機俱泯跡，方識本來人」（寒山〈本志慕道倫〉詩），只有將一切向外的尋求（萬般機巧）都加以揚棄，才能見到這個「本來人」。因此《圓悟錄》卷3說：

打開無盡藏，運出無價珍。

不依倚一物，顯示本來人。

　　每個人的自性都是無窮無盡的寶庫，裡面有數不清的奇珍異寶。只要除卻了對外物的依靠，就能顯發出生命的自主性，就能看到每個人生命中純真自足的本來人。

　　僧問：「什麼是本來人？」

　　洞山禪師回答：「不行鳥道。」（《祖堂集》卷6）

　　「本來人」並不是行走在飛鳥所行的遠離人世的道路上，他時時處處煥顯著大機大用，因此禪宗對那種離開現實生活向別處尋求本來人的傾向予以批評，說：「你們還看到本來人麼？現在大家都說本來人無形無相，不曾穿衣吃飯、不生不死。像這樣理解，怎麼才能見到本來人？」（《古尊宿語錄》卷28）本來人並不離棄現實的世界，它是十字街頭和泥合水、「風吹滿面塵」的禪者，是「觸處居塵不染塵」的存在而超越的靈性生命。

本分事

　　「本來事」也叫「本分事」，即清淨無染的本心。它存在於相對的意識沒有生起之前。

　　香嚴初從百丈懷海出家。懷海去世後，他到溈山靈佑處繼續參禪。溈山說：「我聽說你在百丈先師處機智敏俐，問一答十，現在我不問你別的，你從初父母胞胎中出來，未識東西時候的本分事，試著說一句出來！」香嚴搜索枯腸，終究不能回答，便泣涕辭去。後來偶然在山中芟草，拋出瓦礫擊竹作聲，廓然有省，才感悟溈山秘旨，繼承了他的禪法。（《祖

堂集》卷19）

　　學僧問禪師：「什麼是學人的本分事？」

　　禪師反問：「你為什麼向我這裡尋找？」

　　學僧再問：「不向師父尋覓，怎能得到這個本分事呢？」

　　禪師反問：「儘管你不知道它存在於你的身上，它還曾失落嗎？」（《五燈會元》卷5）

　　在禪宗看來，本分事「圓滿十方，亙古亙今」（《五燈會元》卷10），它不能被言語思維所描述度量，人人本具，不可外求。但縱使不從人覓，也未曾遺失。

　　世人為什麼會悖離「本分事」？這是由於執著於分別妄想。因此《圓悟錄》卷13說：

　　「因為長久以來，我們都離開了精神的故鄉，流浪在外，背離了這個本分事，向色聲香味觸法這六種污染心性的塵埃裡，妄想輪迴，不能回轉智慧之光，返照自己的真心，而心甘情願地處在卑污下流的情形中。」只有難捨能捨，割捨下欲望的人，才能明白這個「本分事」：「須是奇特人，方明本分事。要明本分事，還他奇特人。」

　　什麼是本分事？本分事是「昨夜三更日正午」的照亮心中暗夜的陽光，是「皮膚脫落盡，唯有一真實」的浮華脫落回歸於純淨本源的澄明的本心。

無縫塔

　　「無縫塔」也是本心圓滿的典型象徵。無縫塔是沒有縫

棱的石塔。一般的佛塔用木或石累砌而成，所以都有縫。用一塊卵形整石來建造的塔，塔身無縫棱，作為墓塔之用，就是無縫塔。

唐代宗問慧忠國師：「大師百年之後所需何物？」

國師說：「請皇上給老僧作個無縫塔。」

代宗說：「請大師畫一個塔樣給我。」

國師沈默了一會兒，問：「知道了嗎？」

代宗說：「不知道。」

國師說：「我有一個弟子叫耽源，他知道這件事，到時候陛下可以問他。」

國師去世後，代宗召見耽源，問：「國師的話是什麼意思？」耽源說：「湘之南潭之北，中有黃金充一國。無影樹下合同船，琉璃殿上無知識。」

本心圓滿，猶如沒有縫棱的石塔。禪宗指出，對這「無縫塔」，用肉眼無法看見，必須用超越形相的慧眼才能見到。《禪宗頌古聯珠通集》卷8本覺一禪師頌無縫塔公案說：

> 欲建南陽無縫塔，般輪下手實應難。
> 本來成現何須作，到處巍然著眼看。

「無縫塔」縱是一流的工匠也難以斫造，它本來現成，顯現在生命的時時處處，只有打開智慧之眼，才能看到它的真相。

無位真人

無位真人

「無位真人」是本心的典型象徵之一，是臨濟禪的精髓。鈴木大拙說：「臨濟的『無位真人』即指自性。他的說法幾乎完全圍繞著這個人，這人有時亦稱作『道人』。他可說是中國禪宗思想史上第一位禪師，強調在人生活動每一方面都存在著這個人。他孜孜不倦地要他的弟子們去體認這個人或真正的自性。」（《禪學講座》）

臨濟禪師上堂時，對大家說：「赤肉團上有一無位真人，常從你們的面門出入。還沒有看到它的，好生看，看！」

當時有一位學僧問道：「什麼是無位真人？」

臨濟走下禪床，一把揪住他道：「快說，快說！」

學僧剛想開口說什麼，臨濟又一把將他推開，說：「無位真人是什麼乾屎橛！」

說完，走下法座，徑直回方丈去了。

佛教一般修行之次第，有十信、十住、十行、十回向、十地、等覺、妙覺等各種階位，而「無位真人」則是指不住於任何階位的自由的人，即人人本具的佛性，是無始以來的真我。為了避免觸犯、唐突這個「無位真人」，所以臨濟不說是佛性。

「赤肉團」指人的肉體，「無位」即沒有固定的時、空位置，也就是「時時處處都有」的意思。「真人」即佛。「無位真人」和禪宗常說的「本來面目」、「本地風光」相同。「看」是凝視自己，和自己心裡的另一個自己相會。臨濟這段話的意思是：

「在你們的肉體內，存在著超出時空的真實人性，它進出於你們的全身，如果你們還沒找到它，那麼就快點和它相會吧。」

在本則公案中，學僧探問「真人」之所在，臨濟便以峻烈手段逼拶他，要他回光返照，自己解答。僧人正要開口，臨濟擔心他落在識心中，觸了不可說的忌諱，遂立即將他推開，阻止他開口，又擔心他執著名相，便隨說隨掃，將「無位真人」等同於「乾屎橛」，顯出聖凡一如之境。

「無位真人」的主旨在於，每個人都有圓滿自足的本心，由於它受到情識污染，以致於隱藏而不能顯露。

臨濟喜歡用「活潑潑地」來描述平常的、自由的「無位真人」的生命活動。《臨濟錄》說：

「你還認識她嗎？她是如此的活潑，又沒有一個固定的形態。擁著她，不能把她聚到一起；撥開她，不能將她分散。你要是起心追求她，她離得遠遠的；你要是不去刻意追求她，她就明明白白呈現在你的眼前，她的美妙通靈的聲音，縈繞在你的耳際。」

「無位真人」洋溢著詩情畫意，流宕著活潑圓轉的機用。

她如同潛藏在煙靄裡的春山，如同白雲繚繞的桃花源，迷離惝恍，難以尋覓。

主人公

與「無位真人」同類的象徵是「主人公」。

學僧問：「主人公姓什麼?」

禪師答：「不能稱說他的姓氏!」

學僧問：「主人公名什麼?」

禪師答：「不能稱說他的名字!」（《古尊宿語錄》卷9）

「主人公」超出世俗的名姓之外，是每個人原真的自己。

瑞岩師彥禪師在石上坐禪時，通常只靜靜地坐著，如癡似愚，然而有時卻自言自語，大聲叫道：

「主人公!」

又自己回答道：「是的!」

「清醒些，不要打瞌睡，不要糊裡糊塗上當受騙!」

「是的，是的!」

師彥如此一連串反復地自問自答，是高深的禪境，雖然有人對此不無微詞。

師彥所呼喚的「主人公」，是自己生命中的另一個自己，即「本來面目」。與內心的這個本我的對話越多，則人格越豐富。當人們把外在的小我和裡面的本我完全變成一個時，悟境才會出現，他才是真正的主人公。《五燈會元》卷6亡名古宿偈云：

　　五蘊山頭一段空，同門出入不相逢。

　　無量劫來賃屋住，到頭不識主人公。

　　「五蘊山頭」即是肉體的物質的我。禪宗認為，在肉體的物質的「我」的裡面，還有一個靈性的「我」，這就是「主人公」，即本心自性。純明澄澈的本心自性存在於我們每個人的身上，與物質的「我」同門出入。師彥的自我呼喚，就是要將這個主人公喚醒。

桃源春水

桃源春水

　　「桃源春水」是禪宗對人性本源的象徵，側重本心的純潔性。武陵桃花源本是陶淵明創造的藝術世界；東晉阮晨、劉肇入天台山採藥，在桃源遇仙子，經歷了短暫而美麗的愛情，這便是中國文學史上的天台桃源。超然世外、恬淡自足的武陵桃源，和情思纏綿、美麗浪漫的天台桃源組合到一起，賦與了桃源意象以新的內涵。禪宗也經常運用桃源意象，把告別了世路的顛簸，回到精神的故里，稱為回到美麗的桃源。著名的國師三喚侍者公案，主旨就在於使侍者回到精神的故里。《禪宗頌古聯珠通集》卷8說：

世路風波不厭君，一回見面一傷神。

水流花落知何處？洞口桃花別是春。

　　人生多風雨，花發足別離。世路崎嶇，風波險惡。禪師猶如深情繾綣的桃源仙子，不住地呼喚著「劉郎」歸來。但每次呼喚，迷失的漂泊者都懵然無知，徒使人黯然神傷。在熾烈的期待中，春心付落花，隨水到人間，以期望劉郎能尋蹤覓跡而來。只可惜劉郎縱是追尋舊時路，也只怕是煙鎖桃源，霧失津渡，杳不知仙蹤何處了。

　　「桃源春水」意象，因為清純美麗而成為「本來面目」的絕佳象徵，禪僧對之傾注了極大的熱情和嚮往。桃源超塵絕俗，其人美，其景淳，明媚寧謐，與機巧奸佞、浮華躁動的紅塵形成了鮮明對比。禪宗將回到本源性狀態的禪悟體驗比作回到桃源。回到了「桃源」，就是徹見「本來面目」，回到了美麗而清純的人性的源頭，回到了精神的故里。

寸絲不掛

寸絲不掛

　　寸絲不掛的原意是赤身裸體，禪宗常用「寸絲不掛」象徵修行者臻於四大皆空、一塵不染之境，即明心見性時的灑脫無礙之境。為了避免執著，禪宗運用隨說隨掃的金剛般若，

主張將空的念頭再放下。連「寸絲不掛」的意念都「不掛」，才是真正的「寸絲不掛」。

溫州玄機尼師，曾在大日山石窟裡修習禪定。有一天忽然感歎道：「真如法性清湛澄明，無去無住。厭喧趨寂，怎麼能算得上了悟？」於是便去參訪雪峰禪師。

雪峰問：「你從什麼地方來？」

玄機說：「從大日山來。」

雪峰探問：「太陽出來了沒有？」

玄機反戈相擊：「如果太陽出來了，就會把雪峰融化掉。」

雪峰微微一笑：「你叫什麼？」

「玄機。」

雪峰繼續勘驗她的悟境：「既然是玄妙的織布機，每天能織多少布？」

玄機自負地說：「寸絲不掛。」

說完，行禮告退。才走了幾步，雪峰突然叫道：「袈裟角拖地了。」

玄機聽了，急忙回頭察看。只聽雪峰笑道：「好一個寸絲不掛！」

玄機沾沾自喜於「一絲不掛」，殊不知已被這「一絲不掛」給掛住了。因此當她一回頭時，早已「掛」上了萬縷千絲。

無獨有偶，對佛法有相當體會的陸亙大夫，有一次對南泉禪師說，自己已經知道了佛法的妙義，這妙義就是「寸絲不掛」。陸亙本想博取南泉的贊同，誰知南泉聽了之後，說：

「猶是階下漢，還遠遠沒有入門哩!」(《景德傳燈錄》卷8)

陸亙對「寸絲不掛」並沒有真切的體會，只是搬弄些現成的話頭，屬於弄智而不屬於悟道。因此，當陸亙津津自喜地標榜自己「寸絲不掛」時，已被寸絲不掛給「掛」住了。

放下著

嚴陽尊者問趙州禪師:「一物不將來時如何?」(我已經脫落身心，還應當怎樣繼續修行?)

趙州答:「放下著。」(把它放下吧。)

嚴陽尊者迷惑地問:「我已經兩手空空，還要放下個什麼?」

趙州意味深長地說:「那麼，就把它挑起來吧。」(《五燈會元》卷4)

趙州要嚴陽尊者「放下」的不是別的，正是「一物不將來」的意念本身。見嚴陽尊者不理解，趙州就說了這句反語，讓他把「一物不將來」的意識繼續「挑」下去。嚴陽尊者聽了，豁然開悟。

可見，「放下著」固然是很高的悟境，但如果執著於「放下著」，又成了悟道的障礙。因此，為了破斥學人沾沾自喜於「放下著」的念頭，其他的禪師也像趙州一樣，採取了奇特的接機方法。

僧問:「一物不將來，為什麼趙州卻讓他放下著?」

投子禪師說:「辛苦他這樣來。」(《祖堂集》卷6)

桂琛禪師問僧：「你帶了什麼東西來到這裡？」

僧答：「我什麼東西也沒有帶。」

桂琛禪師喝斥道：「為什麼要對眾說謊？」（《景德傳燈錄》卷21）

僧問首山省念禪師：「一物不將來時怎樣？」

首山說：「你為什麼要對著大眾說胡話？」

其僧正想辯解，只聽得省念又是大喝一聲！（《古尊宿語錄》卷8）

另外兩則禪門故事也與以上禪機相映成趣。

宋代的張九成，有一次造訪喜禪師，禪師問：「你來這裡是為了什麼？」

張九成說：「打死心頭火，特來參喜禪。」

禪師一聽，就已知他尚未悟道，故意試探說：「緣何起得早，妻被別人眠？」

張九成一聽和尚平白無故地說自己妻子和別人睡覺，心中無明火頓起，氣憤地說：「無明真禿子，焉敢發此言？」——你這個混帳的禿和尚，怎麼敢說出這種瘋話來？

喜禪師微微含笑，不緊不慢地說：「輕輕一撲扇，爐內又起煙。」

喜禪師略施小技，就把張九成還沒有「打死心頭火」卻偏要自詡「打死心頭火」的事實揭露了出來。張九成聽了，深感慚愧，自此更加堅定地皈心禪門。（褚人獲《堅瓠集》）

另一則放不下的故事發生在日本。

一天，坦山禪師與一位同參外出行腳，正遇上天降大雨，一條小溝立刻被雨水沖成了一條小河。他們正準備橫穿過去，卻發現一位身著絲綢衣服的年輕姑娘，站在一邊徘徊不前。顯然，她不想趟過小河弄髒衣服。

「來吧，姑娘。」坦山說著伸出雙手，然後抱起那位姑娘蹚過了小河。

同參見此情景，悶悶不樂，一言不發，直到天黑掛單寄宿時，才忍不住問坦山：「我們出家人不近女色，特別是年輕美貌的女子，那是很危險的。你為什麼要犯戒呢?」

「噢，你說過路的那個女子嗎?」坦山答道：「我早就把她放下了，你怎麼還抱著她呢!」

無立足境，是方乾淨

《紅樓夢》第二十一回中說，史湘雲心直口快，說出演戲的女子「倒像林妹妹的模樣兒」，寶玉怕惱了黛玉，趕忙使眼色制止，結果倒先惱了湘雲，寶玉連忙解釋，說黛玉心眼兒小，你這樣說豈不惱了她? 偏偏這話又讓黛玉聽到了，也衝寶玉發起脾氣來。寶玉兩頭受氣，十分頹喪，遂參究禪理，題了一偈：

你證我證，心證意證。
是無有證，斯可云證。
無可云證，是立足境。

　　偈語借談禪來說情，大意是：彼此都想從對方得到感情印證，揣情度意，多方試探，反而把真情給藏了起來，因而惹出了不少誤會，添加了許多煩惱。看來只有到了滅絕情意、無須再加以印證時，方談得上感情的徹悟；到了萬境歸空，什麼都無可驗證時，才是真正的立足之境。

　　次日黛玉見了此偈，提筆續了兩句：

　　無立足境，是方乾淨。

　　意思是：連立足之境也沒有了，那才是真正的乾淨呢。

　　就禪理而論，黛玉所見較寶玉要更高一層。寶玉為了避免煩惱，想把引起煩惱的根源愛也「空」掉，到達萬念俱灰、一念不起的狀態，就獲得了解脫，心裡就安寧了。但寶玉「無可云證」——什麼也不去想、不去證驗的背後，卻潛藏著一股巨大的感情激流，雖然口頭上說要空，但事實上卻「空」不了，放不下。所以黛玉說：你要是把「空」的意識也拋掉了，那才是真正的「乾淨」，大徹大悟了！如果不刻意去追求心裡寧靜，則心本來就是寧靜的，沒有什麼恩恩怨怨，沒有愛的寂寞、苦惱，豈不是「乾淨」？但黛玉也只是在口頭上說說而已，事實上，她和寶玉一樣，都是天下第一不能忘情的人。

本心的迷失

一切佛法，
自心本有。
將心外求，
捨父逃走。

禪宗思想的一個重要組成部分是迷失論。迷失論反省本心失落的緣由。禪宗指出，當父母沒有生出我們之前，我們的本心自性，淨裸裸，赤灑灑，沒有纖毫的污染。當我們來到這個世界上之後，四大五蘊組合成了我們的身子，各種世俗的欲望遮蔽了我們的初嬰赤子之心，我們像春蠶那樣，自縛在欲望之繭裡，迷失了本來的心性，以致於不能踏著本地風光，明見本來面目。

「本來面目」的失落，是因為無始劫來的濃厚妄想。這濃厚的妄想不是別的，乃是我們二元對待的思維觀念，也就是我們的分別心。

可見，迷失的根源不是別人，恰恰在於我們自己。

迷頭認影

失去幽靈真境界，幻來新就臭皮囊

《紅樓夢》第八回〈嘲頑石偈〉。在《紅樓夢》藝術世界中，作者想像賈寶玉原為青埂（情根）峰下的一塊女媧補天剩下的石頭，因凡心熾動，才幻形入世，「在溫柔鄉裡受享幾年」（第一回）。「失去幽靈真境界」指石頭離開清幽靈秀的真境界。「幽靈」即第五回中太虛仙境裡的「幽微靈秀地」，那裡有松風明月、虎嘯猿啼的「真境界」；「幻來新就臭皮囊」指石頭幻形為通靈寶玉。「幻」指幻化，「就」為依附。佛家

厭惡人的身體，認為其中盛有痰糞等穢物，所以稱為臭皮囊。這裡指寶玉。

這兩句詩富有禪意，它指出正是由於對諸塵外境的執著，世人才失去了「本來面目」，在情天欲海裡漂泊沉淪，導致了生命本真的斫喪。逐物迷己，迷己逐物，生命便如陀螺般旋轉，無有了歇之期。我們每個人都往往迷失了真實的自己，失去了「本來面目」而去追逐穢濁之物。若以禪的眼光來看，情天欲海，浩渺無涯。只有頓明本心，才能回頭是岸。

假作真時真亦假，無為有處有還無

這是《紅樓夢》第五回賈寶玉遊太虛幻境時看到的一副對聯。意思是：把假的當成真的，真的也就成了假的；把無當作有，則有也成了無。

這一聯將真假有無的相對性揭示得尤其深刻。當我們把無當作有、把空當作色時，就會認假作真，生起種種貪心，捨己逐物，迷失自己，喪失了純真的人性。

《景德傳燈錄》卷28神會偈：「本有今無無何物？」迷人不知本覺真心，認假作真，執無為有，生起種種妄想，這就叫做「本無今有」，即「真亦假」、「有還無」，此為對聯語意。

但是，如果把「有」當作「無」、把色當成空，這時，人們往往又會走到否定一切、拋棄一切的一邊，這樣一來，必將失去人生的生機。因此，明見真空妙有，才不至為「假」、「空」絆住了腳。

迷頭認影

「迷頭認影」是禪宗對「本來面目」失落的典型象徵。它源自《楞嚴經》卷4，說室羅城中有一狂人演若達多，早上起來照鏡子，看不到自己的頭，就以為自己的頭丟了，到處尋找。「頭」比喻真性，「影」比喻妄相，「迷頭認影」比喻眾生迷失本心，執著妄相，如同癡人早上照鏡子，貪愛鏡中頭影，反以為自己的真頭丟失，狂奔亂走急急找尋。因此禪宗感歎：「演若頭非失，鏡中認取乖」(《五燈會元》卷6)。本來的「頭」（真性）並沒有迷失，但如果把鏡中頭當作真頭，就又大謬不然了。

禪宗將一切向外的尋求都看作是迷頭認影，指出學人「四海參尋」，問禪訪道，就是「演若迷頭心自狂」。向外求覓，就與大道離得更遠：從眼、耳等感官之「門」向外獲得的知識，只是幻影而非真知。因為它們只是幻像，而非真實的自性。唯有內省式的頓悟，才能明心見性：「從門入者，不是家珍。認影迷頭，豈非大錯。」(《五燈會元》卷6)

與此同時，以禪的觀點來看，迷悟無別，真妄不二，妄相也是真相的反映，求真性也就是求妄相：迷的時候有真頭、影像的種種不同，忽然之間開悟，也並沒有得到一個新的頭，只不過是發現迷時不能發現的原本的頭而已。因此，只要歇卻迷狂的心念，就能夠重新得到本來的「頭」。

認賊為子

《楞嚴經》卷1說：「由於你長久以來，把賊人看作兒子，失去了原來的財富，而遭受生死輪迴的痛苦。」《圓覺經》也說：「有人認賊為子，他家的財寶，怎麼也保不住。」

禪宗指出，生起取捨之心，悖離本心，就是認賊為子：「捨妄心，取真理。取捨之心成巧偽。學人不了用修行，真成認賊將為子。」（《證道歌》）同樣，誇誇其談，缺乏真修實證，用智性思維計較、度量的，都是認賊為子，所以大慧宗杲禪師說：「尋常可以說得道理，分別得行處，盡是情識邊事，往往多認賊為子。」（《大慧錄》卷19）禪宗還指出，向外尋求，執著於聲色，為聲塵色塵所迷惑，同樣是認賊為子：「聽不出聲，見不超色，如斯過患，實可憐生。殊不覺知，認賊為子。」（《黃龍四家錄·晦堂心》）三界唯心，萬法唯識。不明白這個道理，執著外境，把紛紜遷變、生滅不已的六塵外境當作自己的本心，將妄心錯認為真正的悟見，就如同認賊為子的愚癡可笑。

誰縛汝、誰垢汝

《維摩經》：「若有縛則有解，若本無縛，其誰求解？」如果本來就沒有束縛，自然也用不著解脫。那麼，是誰束縛了我們的心呢？

這是一個值得參究的話頭。

三祖僧粲繼承慧可的禪法，廣施法雨，普度眾生。

　　一天，有位年少僧人前來拜見。少年僧人問：「什麼心才算是佛心？」

　　三祖問他：「你現在的心是什麼心？」

　　年少僧人想了一想，說：「我現在沒有心。」

　　三祖說：「連你都沒有心了，佛又怎能有心？」

　　少年僧人就向三祖祈求說：「但願師父能指示我一條解脫的法門。」

　　三祖問他：「誰綁住了你？」

　　少年僧人想了想，說：「沒有人綁住我。」

　　三祖告訴他：「既然誰也沒有綁住你，那你就已經解脫，為什麼還要尋求解脫法門？」

　　少年僧人一聽，當即大悟。後來，他成為禪宗的四祖。

　　僧問石頭希遷：「什麼是解脫？」

　　希遷反問：「誰把你捆住了？」

　　僧人不解，又問：「什麼是淨土？」

　　希遷再度反問：「誰把你弄髒了？」

　　以上兩則故事，反映了禪宗超越解縛、淨垢等二分法的禪機。

　　束縛生煩惱，解脫即菩提。《楞嚴經》、《維摩經》都宣傳縛脫同源之旨。《楞嚴經》卷5：「根塵同源，縛脫無二。」縛脫同源於一心，束縛自己的只能是自己。

鬼由心生

　　有一座百年老屋，因為年久失修，斷垣殘壁，不堪風雨。屋內蛛網密布，塵埃蔽日。深夜裡，老屋經常發出奇怪的聲音，好似女人的傷心啜泣，又像來自幽冥世界的慘烈哀號。人們於是繪聲繪色競相傳告：老屋裡住滿了鬼魅幽靈，誰要是走進了老屋，就別想活命。因此大家都非常害怕，只能遠遠地看著鬼影幢幢的老屋，誰也不敢靠近一步。

　　有一天，來了一個外鄉人，揚言自己是天下第一大膽的人，世間沒有什麼東西嚇得了他。有一個村民看到這個外鄉人口出狂言，非常不服氣，故意使用激將法說：

　　「你自稱是天下最大膽的人，可你怎樣才能證明自己膽量過人，讓我們心悅誠服？」

　　「我不僅不害怕妖魔鬼怪，任何妖魔鬼怪看到我，都要退避三舍，敬畏三分。」外鄉人自負地回答。

　　「我們街上有一間鬼屋，進去住過的人都被嚇出一身病來。如果今晚你敢進去住宿，那就證明你的確是個有膽量的人。」

　　「區區鬼魅有什麼好懼怕的，今天晚上我就要把他們降伏！」外鄉人拍著胸脯，故作無畏的神情。

　　夜幕降臨，一群人簇擁著外鄉人，來到了鬼屋門前。外鄉人硬著頭皮跨進鬼屋，一陣陰冷的空氣襲上心頭。舉目四望，昏黃的燭光下，梁柱頹傾，橫七豎八，屋頂上破了一個大窟窿，月光斜斜地沉了一地，紙窗上跳躍著幢幢的影子，

彷彿鬼魅就要破窗而入。外鄉人一驚，趕緊躲在一張案桌下，閉目屏息，和衣睡倒。

稍後，又有一個自稱膽大的人，聽旁人說這所老屋裡經常出現惡鬼，也想進去住宿。他來到門口，推門準備進去。

外鄉人恍惚中聽見兩扇木門咿啞作響，彷彿有鬼魅正要推門而入。他「霍」地從地上彈地，一個箭步死命抵住木門，不讓門外的鬼魅進來。但是他使的力氣愈大，門外的推力也愈大。

門外的人也以為是鬼在作怪，所以拼力要推門進去看個究竟。於是，兩個「鬼」互相爭鬥，一直相持到天亮。等到街市喧嘩，二人都精疲力竭時，門才打開了，雙方這才明白，屋裡屋外都不是鬼。

鬼由心生，束縛自己的還是自己。

伏鬼妙方

有一對夫婦非常恩愛，不幸的是年輕的太太突然生了重病，臨終前他拉著丈夫的手，依依不捨地說：「我太愛你了，實在不想離開你。我死後你可不能忘了我去找別的女人，否則我做鬼也要跟你算帳！」

不久這位太太就去世了。剛開始，丈夫沉浸在喪婦的悲痛之中，但到了第四個月，他遇見了一個女人，兩人一見鍾情，定了終身。

自從訂婚那天起，每天夜裡都有女鬼來騷擾他，罵他不

守諾言，並將他與新人之間所發生的事說得一清二楚。

　　每當他送給未婚妻一件禮品時，女鬼都可能將那件禮品做一番詳細的描述。她甚至可以覆述他倆之間的對話。這使他頗為煩惱，以至難以入眠。

　　一個朋友聽說後，勸他去請教禪師。他別無他法，只得向禪師求助。

　　「那女鬼是你的前妻變的，你的一舉一動都瞞不過她。不論你做什麼、說什麼、送什麼東西給你的意中人，她都知道，她一定是個精靈鬼。下次她來的時候，你不妨和她交談，誇她聰明絕頂，無所不知，你對她自然也沒有什麼好隱瞞的。你可以提一個問題，讓她回答。假如她能回答上來，你就答應解除婚約，決不再娶。」

　　「我要問她一個什麼樣的問題呢?」

　　禪師答道:「你抓一把黃豆，問她你手裡究竟有多少粒。如果她答不出來的話，你就該明白，她只是你自己主觀想像的，就再也不會來騷擾你了。」

　　當天夜裡，女鬼再度出現時，丈夫就依計誇獎了她一番，說她真是無所不知無所不曉。

　　女鬼自負地說:「一點不錯，你今天見了一位禪師，我也知道。」

　　丈夫隨手抓起一把黃豆，說:「你既然什麼都知道，那麼說說看，我手裡究竟有多少粒黃豆?」

　　他等著等著，再也沒有鬼來答腔了。

　　至此他終於明白，原來那個活靈活現的女鬼，只不過是自己心理的變現而已。

作繭自縛

　　《涅槃經》卷27：「如蠶作繭，自生自死；一切眾生，亦復如是。不見佛性，故自造業，流轉生死。」《楞伽經》卷3：「凡愚妄想，如蠶作繭，以妄想絲，自纏纏他。」癡迷的眾生以無窮無盡的妄想之絲，織就了欲望的繭子，在無始妄想狀態中相續執著，將自己牢牢地束縛，飄墮在深不見底的生死大海，流浪在渺無際涯的曠野，猶如汲井轆轤，輪迴不已。

　　在佛教看來，一切眾生的壽夭、貧富、愚智以及所處環境的違順、苦樂等，都是唯人自招。眾生如蠶，不斷吐出煩惱絲，使三界六道的繭子越來越厚實，自我束縛，而難以出離。

　　對這種癡迷，禪宗感歎道：「聽不出聲，見不超色，如蠶作繭，自縈自縛。十二時中，無片時快樂，至竟終成廢人。」（《密庵語錄》）如果我們聽到的只是些浮靡的聲響，看到的不出乎俗豔的顏色，就會喪失見聞之性的清明，像蠶兒作繭那樣，自我纏縛。一天十二個時辰時，沒有片刻的快樂。

　　「春蠶到死絲方盡，蠟炬成灰淚始乾」，唐代詩人李商隱的這兩句詩，是千古聖於情者的共同體驗，若從禪的角度看，則是芸芸眾生逐物迷己、作繭自縛，使生命成了煎熬的形象寫照。

　　緣此，禪宗提出了「自縛」的觀念以警示學人：「六塵不惡，還同正覺。智者無為，愚人自縛。」（《信心銘》）色、聲、香、味、觸、法這六種塵境，本身並沒有什麼錯誤，人們完全可以從中得到覺悟。智慧的人不貪戀執著它們；愚癡的人執著於外境，自我纏縛，而不得自由。黃庭堅〈雜言贈羅茂衡〉也說：「去子之取捨與愛憎，唯人自縛非天黥。」可見，並不是上天要懲罰人，而是人自己把自己當作了囚徒。

渴鹿乘陽焰

　　《楞伽經》卷2：「譬如群鹿，為渴所逼，見春時焰，而作水想。迷亂馳趣，不知非水。」「陽焰」是《華嚴經》等大乘經典常用的譬喻，猶《莊子·逍遙遊》中的野馬塵埃。春初原野上日光照映浮塵而四散，渴鹿見了誤把它當作是水，狂奔而去，但無論如何也喝不上。佛教用這則寓言象徵人的迷妄之心。「渴鹿乘陽焰」也是禪宗常用的象徵。

　　大安禪師示眾說：「如果想作佛，你們自身就是佛，卻偏要流浪他鄉，匆遽忙碌地像渴鹿追趕陽焰那樣，什麼時候才能開悟？」（《景德傳燈錄》卷9）自己本身就是佛，如果向外追逐，就像渴鹿追逐陽焰一樣，永無出離生死輪迴的希望。

眼翳空花

　　「眼翳空花」、「水中撈月」等，也是執幻成真而導致本心迷失的象徵。《楞伽經》卷2：「愚夫妄想生，如為翳所翳。」

如來藏興起業識的作用，使本來明澈的心眼，被塵翳所障，無法看透世事的真相。

《楞嚴經》卷6：「見聞如幻翳，三界若空花。」《圓覺經》：「妄認四大為身相，六塵緣影為自心相，譬彼空中花及第二月。」

「空花」是空中花。患有眼翳或用眼過度的人，會看到許多似花非花的幻影。實際上虛空本無花，它只是病眼者所產生的幻覺。禪宗藉以喻虛妄之心所見的各種事物沒有實體，所謂「一翳在目，千花競飛。一妄動心，諸塵併起。」（《宗鏡錄》卷54）眾生之心迷惑狂亂，不知諸相非相，無中生有，執幻為實，遂引起無窮的煩惱塵勞，導致了無盡的輪迴之苦。

「空花」也是禪僧詩客最喜運用的喻象之一。《信心銘》：「夢幻空花，何勞把捉。」（《景德傳燈錄》卷30）塵世的一切，都是夢幻空花，不必執著貪戀。白居易〈和夢遊春詩一百韻〉：「豔色即空花，浮生乃焦穀。」美豔的色相，只不過是空中花影；短暫的人生，好比燒焦的穀芽。兩句將悟道者對人生的感受，寫得相當真切。

水中撈月

過去，在一座叫波羅奈的城中，有五百隻獼猴，在樹林中遊玩。他們來到一棵尼俱律樹下，樹下有一口井，井中有月亮的影子。

猴王看到井中的月影，對眾猴說：「月亮今天死了，落到

了井裡。我們一起來想辦法把它救出來，免得夜間沒有月亮黑暗一片。」

眾猴聽了，都覺得有理，準備撈月，可又犯愁了：井那麼深，怎麼能把月亮從裡面撈出來呢？

這時猴王說出了一個主意：「我抓住樹幹，你們抓住我的尾巴，這樣一個抓住另一個的尾巴，我們就能夠撈出月亮了。」

眾猴依言照辦，一個抓住另一個的尾巴，下到井裡去。就在快撈到月亮的時候，突然一聲巨響，原來是猴王抓住的那棵樹幹，承受不住眾猴的分量，一下子折斷了。這時，所有的猴子都落到了井裡，活活被淹死了。

《摩訶僧祇律》卷7的這則故事，譬喻愚者認幻為實，更起貪心去追逐，徒勞無功，身陷災苦。

水中之月似有而實無有，一如鏡中之花影。《大智度論》卷6：「諸法因緣無自性，如鏡中像。」各種事物都是因緣合成的，本身並沒有固定不變的性質，像鏡中的影像那樣虛幻不實。水中本來無月，天上之月和地上之水因緣和合，就產生了水中月的幻相。因此人們應當瞭解一切現象「如幻、如焰、如水中月」，虛幻不實。鏡花水月遂成為禪僧詩客喜愛諷吟的意象。《證道歌》：「鏡裡看形見不難，水中捉月爭拈得？」王梵志詩云：

觀影元非有，觀身亦是空。
如採水中月，似捉樹頭風。

攬之不可見，尋之不可窮。

眾生隨業轉，恰似寐夢中。

　　人的身體由四大五蘊組成，本來空無一物，如水中月影，樹頭風聲。癡迷的眾生不明白這個道理，執幻成真，以假為實，身處夢中而不知其為夢，執著貪求，隨著業力而輪迴生死。黃庭堅〈沁園春〉：「鏡裡拈花，水中捉月，覷著無由得近伊。」《紅樓夢》第五回〈枉凝眉〉：「一個是水中月，一個是鏡中花。」都表達了執幻為實的枉然。《五燈會元》卷18：「若是個惺惺底，終不向空裡採花，水中捉月。漫勞心力，畢竟何為？」意思說如果明白了鏡花水月本來空虛的道理，頭腦清醒，就不會採空中花，捉水裡月。因為這一切都是虛幻不實，追求的結果不過是白白地浪費心力，不會有任何成功的希望。《西遊記》第二回：「悟空道：『師父又來了，怎麼叫做水中撈月？』祖師道：『月在長空，水中有影。雖然看見，只是無撈摸處，到底只成空耳！』」

捨父逃走

窮子捨父逃走

　　有一個自小離開父母出走，長期定居在外的人。等過了幾十年之後，貧困交加，便流浪四方，以乞討為生，漸漸來

到他父親後來生活的城市。他的父親是城中富有的長者。窮子來到父親的住處，遠遠看見他的父親高踞師子床前，來參拜的婆羅門、剎帝利、居士都恭恭敬敬地圍繞在周圍，用珍珠瓔珞莊嚴他的身體。窮子看見那個人有這樣大的勢力，心懷恐怖，拔腿便跑。

那位富有的長者，一看見兒子就認了出來，就派人火速將他追回。窮子心想，我沒有犯什麼罪，為什麼被抓到這裡來？就一下子嚇得暈了過去。他的父親看到這種情況，知道兒子志意下劣，短時間內絕對不敢與自己相認，就讓人先放了他，隨他自行走動。窮子被釋放之後，繼續到貧窮的地區乞討。

長者為了促使窮子與自己相認，就秘密地派了兩個人，裝成憔悴沒有威德的樣子，用除糞者的身分親近窮子。他們穿著油膩膩的髒衣服，手裡拿著除糞的工具，與窮子親近，勸說窮子到長者的家裡做事。於是窮子也來到長者家裡做除糞的髒活。久而久之，窮子漸漸對長者不再畏懼了，長者也時不時地稱讚他勤奮努力，做事不偷懶，把他叫做兒子。窮子雖然很高興地受到長者這種待遇，仍然以為這不過是長者喜歡自己才這樣叫的，二十年中，繼續除糞。

後來長者患病，自知將不久於人世，就把倉庫中的金銀珍寶全部交給了窮子。窮子雖然接受了這筆巨大的財富，卻毫無貪取之意。長者知道兒子終於有了遠大的志向，在咽氣的時候，對窮子說他確實是自己的兒子，並說出他數十年前

離開家鄉的往事，窮子這才幡然醒悟。

《法華經·信解品》的這則故事，是著名的法華七喻之一。輪迴於三界生死的眾生，譬如無功德法財的窮子（如須菩提等聲聞），而那位富有的長者則是佛。窮子接受富有長者的教化而得到寶藏，比喻如來大慈大悲，以種種善巧方便，引攝二乘之人同歸一佛乘。這則故事也常常為禪宗所稱引。禪宗將本心自性看作「父」，將捨離本心、追逐外物的行為看作是「捨父逃走」。禪宗認為，眾生正如窮子，因妄想邪念的蓋覆而流轉於迷妄的世界，向外尋求佛法，而遠離了自己的本心本性：「己靈獨耀，不肯承當。心月孤圓，自生違背。何異家中捨父，衣內忘珠。」（《五燈會元》卷18）自性的光明熠熠生輝，卻不敢承認它就是自己的自性之光；自性的明月皎潔清亮，卻甘於被妄念的烏雲所遮掩。這與離開父親逃走的窮子、忘卻衣中寶珠的癡人有什麼差別！神秀偈云（《景德傳燈錄》卷4）：

一切佛法，自心本有。將心外求，捨父逃走。

所有的佛法，都圓滿地具足於我們的本心、自性之中。不明白這個道理，偏偏殫精竭慮地向外尋找，就是那位捨父逃走的窮子！克文禪師說：「眾生的本心自性便具足一切，不需要向外尋求。而現在的人大多向外尋求，是因為他們根本就沒有獲得自我的覺悟，只知道像傭工那樣，數別人家的珍

實，於自己沒有任何實際的益處。」(《古尊宿語錄》卷43) 禪宗指出，捨父逃走，是棄本逐末，自甘淪為卑下，因此「不如歸去來，識取自家城郭。」(《古尊宿語錄》卷42) 禪師們通過種種機法，誘導「窮子」歸來，驅除他心中的黑暗，成為精神上富足的覺悟者。

百丈涅槃禪師示眾說：「大家為我開田，我為大家說佛法大義。」眾人開田之後，請他宣說佛法大義，禪師展開兩手，眾人不解其意。鼎需禪師讚歎道(《禪宗頌古拈珠通集》卷12)：

大義開田創祖基，分明書契示傳持。
兒孫不肯遺先業，乞食年年役路歧。

眾人的迷失，在於不知開田的本身即是「大義」，反而更求「大義」，猶如兒孫不肯繼承祖父留下來的田產，反而到外邊流浪乞食般荒唐可笑。只要識得家中的珍寶，即可歸家穩坐。

反認他鄉作故鄉

「捨父逃走」的必然結果，是「反認他鄉作故鄉」。在外地流浪久了，就會把他鄉當作是自己的故鄉。《楞嚴經》卷1載憍陳那領悟「客塵」二字而成就佛果。他的領悟是：「譬如行客，投寄旅亭，或宿或食，食宿事畢，俶裝前途，不遑安住。若實主人，自無攸往。」意思是說好像一位行人，投宿到

旅店中，暫時投宿，不會長期住下去。他投店的目的，或是為了吃飯，或是為了睡覺。吃飯睡覺之後，還得整理行裝，繼續趕路，不可能心安理得地長期住下來。而這家旅店的主人，則沒有奔波辛勞之苦。從這個現象上，憍陳那認識到，變動不適的是客人，安居不動的是主人。《楞嚴經》卷2也說，旅客寄住郵亭，暫住即離，不會常住，主人則不會離去。自性真心，也同這個道理一樣。

　　禪宗將迷失本心追逐外物的人，比喻為流浪在外的遊子。遊子作客既久，就會把自己追逐的六塵當作生命的本源，反認他鄉作故鄉。題為唐代賈島的〈渡桑乾〉詩云：

　　客舍并州已十霜，歸心日夜憶咸陽。
　　無端更渡桑乾水，卻望并州是故鄉。

　　詩的前半寫久客并州的思鄉之情，後半寫離故鄉更遠時的心理感受。并州距故鄉咸陽已是千里迢迢，如今又要渡過在并州北部的桑乾河，到離故鄉更遠的地方去，此時竟希望把并州當作故鄉。詩歌抒寫了作客他鄉者離家鄉更遠這一特定情形下的普遍心理感受。禪宗截用詩的後二句，用來諷諭反認他鄉作故鄉的迷失。《楞嚴經》卷9說，眾生沉迷於有為法，不識本覺真心，墮入生死輪迴。雖然經過漫長的時間，仍不能得到徹底的清淨，這是因為他們隨順著殺盜淫三業去造作一切。《禪宗頌古聯珠通集》卷4北澗簡禪師吟詠這段經

文時，就直接引用了賈島詩，以說明世人輪迴不已，反認他
鄉作故鄉的迷失。

拋卻家寶

昧卻衣珠

　　從前，一個窮漢去拜訪親戚，受到熱情的款待，以致於
喝得酩酊大醉，在座位上酣然睡去。剛巧，那位親戚因為公
事必須立即外出，眼看著那個窮親戚醉得人事不醒，就把價
值非常昂貴的寶珠縫在他的衣服裡，匆匆離去。

　　這個窮漢已經爛醉如泥，哪裡知道這件事情。醉醒之後，
他也起身到外地去了。他仍然一貧如洗，生活潦倒。

　　這時他仍然不知道自己衣服裡藏有價值連城的寶珠。後
來，他在一個偶然的機會裡又碰見那位親戚。對方目睹他衣
衫襤褸的樣子，不禁歎息道：

　　「你真是個傻瓜，為了衣食費盡心機，這到底是為了什
麼呢？我還以為你現在可以生活得很舒適，因為那年你來我
家裡時，我曾把一枚價值連城的寶珠縫在你的衣服裡。本想
著你會從此富有起來，可是你卻毫不知情，一直為衣食奔波
勞碌！」

　　這是《法華經·授記品》中的一則故事。「衣珠」象徵真
如佛性、般若智慧，而富有的親戚則象徵佛。眾生的佛性被

妄念之垢所遮蔽，不自覺知，無從顯現，一如貧人不識衣珠。曾幾何時，慈悲的佛陀將一切智慧送給世人，可惜大家卻不知不覺地忘掉這珍貴的一切智慧——寶珠，仍然勞勞碌碌、糊裡糊塗地奔波在人生的旅途。

　　這個故事在《楞嚴經》卷4中有大致相同的記載：「勝淨明心，本周法界，不從人得，何藉劬勞肯綮修證？譬如有人於自衣中繫如意珠，不自覺知，窮露他方，乞食馳走。雖實貧窮，珠不曾失。忽有智者指示其珠，所願從心，致大饒富，方悟神珠非從外得。」妙勝澄明的本心，遍布一切，自身具足，不必他求，也用不著辛辛苦苦地修證。這就好比別人在自己的衣服裡縫了如意寶珠，自己卻不知道，窮困潦倒地奔波他方，乞食流浪。雖然貧窮，寶珠卻依然在衣服裡面。忽然之間得到智者的指點，就會發現寶珠，擺脫窮困，成為富有的人。這時他才發現，原來寶珠就存在於自己的身上，而不是從別處所得。

　　禪宗指出，世人「衣珠歷歷分明，只管伶俜飄蕩」（《通玄百問》），分明有衣中寶珠，卻還要到外面去乞討。昧卻衣珠，是人生極大的迷妄，使原本自足的人生產生了缺憾，因此「智眼朦朧，衣珠尚昧」之人，急需明心見性，此身不向今生度，更向何生度此身！佛法的要旨就是要使每個人都認識到本有的「衣珠」（《五燈會元》卷16）：

　　　祖師西來，特唱此事，只要時人知有。如貧子衣珠，

不從人得。三世諸佛，只是弄珠底人。十地菩薩，只
是求珠底人。

　　達摩祖師從西方的印度來到中土，就是為了讓眾生明白，
每個人都有珍貴的自性的寶珠。人們之所以貧困，是因為暫
時不知道自性的可貴。過去、現在、未來三世諸佛，都是指
引我們發現自性寶珠的人；修行路上，十種階位的菩薩們，
也只不過是尋求自性寶珠的人！

迷失額珠

　　從前有位大力士，眉毛間有顆珍貴的金剛珠。一天，他
與其他的力士摔跤，摔跤時，別的大力士用頭緊緊地抵在他
的額上，金剛珠很快被擠到了皮膚裡，而這位大力士卻不知
道金剛珠到什麼地方去了。

　　過了不久，他的額頭上長出了一個膿瘡，就到高明的醫
師那兒治療。良醫診斷後，知道此瘡是由於他額上的金剛珠
被擠到皮膚裡所引起，便說：「你額上的金剛珠還在！」

　　力士感到很驚奇，說：「我額上的金剛珠難道還沒有遺失？
它如今到底在什麼地方？這一切難道是真的？」

　　這時良醫安慰力士說：「你和別人爭鬥時，寶珠被擠到身
體中，如今就在你的皮膚裡。由於你爭鬥時，嗔恨恚怒的無
明毒火熾盛，以致於寶珠陷入身體，卻沒有一點感覺！」

　　《涅槃經》中的這則譬喻，旨在說明一切眾生也像力士

那樣，由於不能親近大善知識，縱使有珍貴的佛性，也不能自我覺知，而被貪淫嗔恚愚癡等種種妄念所遮蔽了。如來宣說眾生皆有佛性，好比良醫對力士說金剛寶珠的情形一樣。眾生被無量億煩惱等所覆蔽，不能認識佛性。如果除去了煩惱，就能見到光明珍貴的佛性，就像力士在明鏡中看到金剛珠那樣。佛性好比力士額上的寶珠，由於貪淫嗔恚而隱沒不見，修行者在大善知識的接引下，將煩惱除盡，即可重見寶珠。

　　由於額珠的譬喻形象生動，立意奇警，深為禪林所喜愛。黃檗禪師在《傳心法要》中，舉力士額珠之喻告誡學人：「學道的人迷失了本心，而苦苦向外尋求，不管找到什麼時候，也不會成就大道。不如當下息卻貪求之心，明白一切萬法本無實體，也不可能得到什麼，此時心地澄明，便是證悟了菩提大道。證道之時，只是證到了本心佛，你就會知道長期的苦苦向外尋求，都是枉用功夫。好比力士得到寶珠時，只是得到了本來具有的額珠，並不是向外尋求的結果。」

拋卻家寶

　　「自家寶藏」是澄明本心的典型象徵。禪宗認為，每個人在精神上都圓滿自足，都有純真的人性，這就是「自家寶藏」。《涅槃經》的貧女寶藏喻、力士額珠喻，《法華經》的衣珠喻，都是「自家寶藏」的生動說明。

　　禪師們的所有言說，都可以看作是啟發學人識取這個「自

家寶藏」。

　　師祖禪師參見南泉，問：「永嘉玄覺禪師的《證道歌》裡說：『摩尼珠，人不識，如來藏裡親收得。』什麼是如來藏？」

　　南泉禪師說：「和你相往來的就是。」

　　師祖禪師又問：「什麼是摩尼珠？」

　　南泉召喚：「師祖禪師！」

　　「是！」師祖禪師忙忙應承，臉上仍然是迷惑的神色。

　　「去，你不懂我的話！」

　　南泉的這一聲喝斥，使師祖禪師恍然大悟。（《五燈會元》卷4）

　　《禪宗頌古聯珠通集》卷16海印信頌這則公案說：

> 往來是藏珠何在，省去方知不外求。
> 罔象得之猶特地，回光返照便甘休。

　　人人皆有摩尼珠，光華四射。但不可起心外求，即使是無心的罔象在赤水得到它也是有心。只有回光返照，將外求的意念徹底放下，摩尼寶珠才會頓時放出大光明，照徹六根。

　　慧海參見馬祖，馬祖說：「我這裡什麼東西都沒有，你來求什麼佛法？拋卻自家寶藏不顧，到處亂跑幹什麼？」

　　慧海恭恭敬敬地問：「什麼是自家寶藏？」

　　馬祖告誡他：「現在能問我的那個，就是你的自家寶藏。它具足一切，圓滿無缺，運用起來自由自在，哪裡用得著向

外尋求!」

　　慧海聽了，如夢方醒，認識了自己本來的心（《景德傳燈錄》卷6）。後來，他與別人談到這段經歷時，還覺得受用無窮：「貧道聞江西和尚道：『汝自家寶藏，一切具足，使用自在，不假外求。』我從此一時休去，自己財寶，隨身受用，可謂快活。」（《頓悟入道要門論》卷下）

　　為了啟發學人識取自家寶藏，禪宗反覆強調人人皆有佛性：「暴富乞兒休說夢，誰家灶裡火無煙?」「君看陌上二三月，哪個枝頭不帶春?」「哪個臺無月，誰家樹不春?」

　　「自家寶藏」是存在於每個人生命深處的自性佛，它不假雕琢，描摹不成，賊竊不得，體相如如，清淨本然，通過千百億化身，發揮出妙用。可世人偏偏不能承當，「拋卻自家無盡藏，沿門持缽效貧兒」。對這種迷失情形，慧泉禪師有生動的形容（《禪宗頌古聯珠通集》卷16）：

　　　碧波深處釣魚翁，拋餌牽絲力已窮。

　　　一棹清風明月下，不知身在水晶宮。

　　「釣魚翁」拋餌牽絲，耗盡氣力，只知向外索求，一點也沒有心思欣賞呈現在眼前的清美景色，縱使是置身水月交輝澄明剔透的水晶宮殿，卻絲毫不能感受到清風明月的美麗。「溪畔披沙徒自困，家中有寶速須還」，一旦發現了自家寶藏，就不會辛辛苦苦地在溪畔淘沙求金了。

情天欲海

蒸沙為飯

很久以前，一位年輕的修行者，在前往舍衛城化緣的途中遇見一個漂亮的女孩。他不由得動了愛戀之心，相思成疾，終日茶飯不思，臥病在床。

大家紛紛前來探視，年輕修行者就把心中的苦惱一古腦吐露出來。同參們雖然同情他的單相思，但都幫不上什麼忙，只有用言語來安慰他。然而，單戀的修行者實在聽不進好言勸慰。大家決定把這件事稟告給釋迦牟尼尊者。於是，帶著病人向釋尊講述了一切。

釋尊知曉內情之後，出乎意料地說：「你不必如此憂慮，好好吃飯休息，我一定會幫你，你的願望就會實現的！」

大家都很詫異釋尊的作法，那位年輕修行者心花怒放，精神為之一振，他飽餐一頓之後，跟隨釋尊離開祇園精舍，前往舍衛城去。

釋尊率領一群弟子趕往那位少女家。大家一抵達家門，就聽到從屋裡傳來悲哀的哭泣聲，騷亂不已。上前一問，原來那少女在三天前死了。因父母眷愛，捨不得埋葬，致使屍體發出奇臭，模樣更是慘不忍睹。

釋尊回顧年輕的修行者，諄諄告誡說：「你迷戀的那位姑

娘，現在成了這個模樣。你應當知道萬物無常，生滅變化都在瞬息之間的道理。只有愚癡者才只看外表，不顧真實，才會因此而痛苦自傷。

「看見美色，內心迷惑。以淫樂毀滅自己，無異作繭自縛。智者能夠當機立斷，消除一切苦惱。如果縱情放逸，耽於淫樂，溺於情愛，無異自造牢獄。只有內心覺悟，斷絕淫欲，才能衝破邪欲的牢獄，徹底斷絕生死的苦難。」

年輕的修行者目睹少女腐爛的屍體，又聽到釋尊誠摯懇切的說法，頓生悔悟之心。他五體投地，向釋尊禮拜，表示謝罪。然後跟隨釋尊回到精舍，努力修習，終於成了正果。

在佛教看來，導致人生痛苦的根源在於無明，即與生俱來的欲望，種種欲望中尤以對美色的貪溺為罪大惡極。

佛門視淫習為最大的妄情。一切眾生都藉淫欲之緣而生，因此《楞嚴經》反覆強調「斷淫」是修行的先決條件。在這部經文的卷6中，佛對阿難說：「若不斷淫修禪定者，如蒸沙石，欲成其飯，經百千劫，只名熱沙。何以故？此非飯本，沙石成故。」如果不斷絕淫念而修心禪定，如同想烹煮沙石，想把它做成米飯，縱使經歷再長遠的時間，也不可能辦到。為什麼呢？因為沙石不是用來做飯的原料。《涅槃經》卷13則用花蕊中的毒蛇等九種譬喻來象徵女色的危害。

太守李翱向藥山惟儼禪師請教如何修行，惟儼告訴他：「太守欲得保任此事，直須向高高山頂坐，深深海底行，閨閣中物捨不得，便為滲漏。」（《景德傳燈錄》卷14）

「閨閤中物」指雲雨之歡。「滲露」意為耗費耗損。藥山指示李翶只有割捨情欲才能參禪辦道。如果沉湎床榻上的夫婦之歡，則任你費多大的努力來修行，也是枉然。宋蘇軾〈三朵花〉：「學道無成鬢染華，不勞千劫漫蒸沙。」即是自慨兩鬢霜白，卻學道無成，這是因為難以捨棄愛欲，以致於不能進入禪門。

膠著名相

蠅鑽故紙

　　古靈神贊禪師，少時在福州大中寺出家。受具足戒後，遊學四方，參訪百丈禪師，問學數年，得到了他的心法。後來回到福州，看望原先的老師，想報答他的恩情，就等待適當的機會。

　　有一天，他為師父糊窗紙。太陽照在窗紙上面特別明亮。他的師父在窗下看經，這時屋裡有幾隻蒼蠅，拼命地鑽窗紙，想從那裡出去。

　　古靈神贊看到這個情形，歎息著像是對蠅子說：「世界這麼廣闊，卻不肯出去，偏偏鑽他故紙，驢年馬月才能出得去！」於是口誦一偈（《五燈會元》卷4）：

　　　　空門不肯出，投窗也大癡。

百年鑽故紙，何日出頭時？

他的師父一聽，當即放下手中的經卷，問：「你行腳都見了些什麼人，受到哪些點撥？你如今的說話，與當年在這裡的時候大為不同。你給我仔細說說看。」

師父這麼一說，正合古靈神贊的本意，於是他就跟師父詳細稟報了自己這些年的參禪情形，特別是百丈大師的親切指點。他的師父聽了，當即反拜古靈神贊為師，說：「我是你剃髮的老師，你是使我覺悟的老師。」古靈神贊堅持不可，於是他的師父聽從他的建議，遙禮百丈為師。

禪宗不立文字，批評窮年累月皓首窮經的人，猶如蠅子不從大門出去，卻偏偏鑽窗紙求出。

守株待兔

「守株待兔」是禪宗對拘泥於語言文字而不解實義者的批評。

古時候有一位宋國人在田間勞動，田中有一棵樹，有一隻受了驚的兔子，撞到這棵樹上，折斷了頸子就死了。農夫看到這種情形，就不再耕田，整天到晚守候在那棵樹的旁邊，希望再能得到兔子。這樣守候了好長時間，也沒有等來一隻兔子，農夫的行為也因此成為別人的笑柄。禪宗化用這則典故，吟詠說（《林間錄》卷上）：

　　　　　一兔橫身當古路，蒼鷹才見便生擒。
　　　　　後來獵犬無靈性，空向枯樁舊處尋。

　　意義像一隻活潑的兔子，蒼鷹一見即將它活捉生擒。沒有靈性之人，就好像那只知守株待兔的獵狗。愚鈍的人只知道在字面上兜圈子，殊不知當糾纏於這些語句時，它們所表達的意義早已消失了。

刻舟求劍

　　古時候，有位楚國人，乘船過江的時候，不小心把身上的佩劍從船上掉到水裡，他立即在船邊刻上記號。

　　這個奇怪的舉動引起了其他人的注意，大家疑惑地問：「你在舟上刻記號幹什麼？」

　　楚國人說：「這是我的劍掉下水的地方。」

　　等船靠岸時，楚國人不由分說，立即從他作記號的地方跳下水中，想撈出他的劍。

　　《呂氏春秋·察今》裡的這則故事，被禪宗用作對拘泥於語言文字而不解實義者的批評。《續古尊宿語要》卷5說：「翻笑波心遺劍客，區區空記刻舟痕。」

　　意義的寶劍早已逝去，在語言的空殼上還能得到什麼呢？

入海算沙

　　永嘉玄覺《證道歌》：「分別名相不知休，入海算沙徒自

困。」

　　分析辨別佛經專有名詞和辭彙，不知道休止，就像到海邊數沙子的數量，除了自招疲憊、困惱外，了無利益可言。

　　釋迦牟尼一生說法四十九年，其言論經過後人的結集，浩如煙海。且佛法深廣難測，故以「海」為喻最為切當。佛經中常以「恒河沙」比喻事物極多者，恒河是印度最著名的河流，河中沙粒很多，根本無法計算，此指佛經數量之多。佛教經卷浩繁，名相眾多，如果不了悟心性，一味在語言、文字上兜圈子，是不可能有真實受用的。

　　佛教以「分別」為「小識」，「無分別」才是「大慧」。禪宗強調頓悟，所以對「入海算沙」尤為不屑。《圓悟錄》卷16：「世智辯聰，自纏自縛。入海算沙，有何所靠耶?」世俗的小智慧小聰明，只能徒然增添一層束縛，要想用世智窮盡佛教的智慧，如同入海算沙，不會有結果的。

本心的覺悟

事事無礙，如意自在。
手把豬頭，口誦淨戒。
趁出淫坊，未還酒債。
十字街頭，解開布袋。

禪宗哲學的開悟論揭示重現本心的方法。由於分別意識的生起，世人逐物迷己，失去了本來的家園。在禪宗看來，一切二元相對的觀念都是妄想，都是迷失。要獲得開悟，必須超越各種對立，以鐵石一樣的心腸，將從前的妄想見解、世智辯聰、彼我得失，徹底乾淨地剷除，像枯木死灰般情盡見除，到淨裸裸赤灑灑處，就會豁然契證大道，使自性之光煥然顯發。

安　心

安　心

禪宗二祖慧可求法時，立雪齊腰，斷臂表誠，請達摩大師為他安心。

達摩說：「你把心拿來，我替你安。」

慧可找了半天，就是找不出那顆擾動不安的「心」來，只得如實稟告。

達摩說：「我已為你安好心了。」

達摩讓他找出「心」來，意在引導他認識到心的虛妄。慧可深感生命深層的困擾，請求達摩為他安心。在達摩的點化下，他認識到困擾自己的根源就是自己虛妄的執著，當這種虛妄的執著消失了的時候，虛妄之心就不復存在，真心遂炳然顯露。

禪宗的開悟論，就是通過種種禪機，重現本來的心。

宋陸遊〈晨起〉：「心安已到無安處。」很能寫出安心的三昧。

自　射

有一天，一個獵人追逐帶著箭傷的小鹿。追著追著，抬頭一看，見前面有一所寺院。這獵人平常很討厭出家人，每遇到和尚就遠遠避開，今天他為了到手的獵物，便耐著性子，問站在面前的和尚：

「喂，這位師父，你看到過一隻鹿從這裡跑過去沒有？」

站在獵戶面前的和尚，是馬祖道一禪師。道一見這獵戶手執利箭，枉殺生靈，決意點化他，便明知故問：「你是什麼人？」

獵戶見這位和尚問話好生奇怪，甕聲甕氣地回答：「打獵的！」

「那你該懂得射箭嘍？」

獵人心想天底下哪個獵人不懂得射箭？便不屑一顧地回答：「廢話，那還用說！」

「既然你會射箭，那麼我問你，你一箭能射幾隻鹿？」

獵人以為禪師是在探問他的箭術是否高明，洋洋自得，胸脯一拍，頗為自負地說：「一箭射一個，百發百中。」

道一聽了，不露聲色地說：「我看你這位壯士不懂得射箭。」

　　獵人被道一這話一激，渾身不自在，便反唇相譏道：「和尚說我不懂射箭，難道你懂得箭術不成？」

　　「我自然懂得！」

　　「那麼請問你一箭能射幾隻？」

　　「我一箭能射一群！」

　　獵人聽了，心生不忍，嗔怪地說：

　　「出家人講慈悲，彼此都是生命，何必要射牠一群？」

　　道一眼睛一亮：這個人內在的生命終於被喚醒了！便以迅雷不及掩耳之勢喝道：

　　「你既然知道動物也是生命，為什麼還要射殺他們？你為什麼不回轉箭鋒射自己呢？」

　　「射自己？」

　　「是的，射自己！你被欲望和無明煩惱困擾了這麼久，澄明的心上積滿塵垢，骯髒不堪，貪殘嗜血，人性消失了，剩下的只是獸性，你要做的，就是射死自己的無明、煩惱，射死自己的獸性，從而使自己成為一個頂天立地的男子漢！」

　　獵人聽了這話，頓時心地透明，當下丟弓折箭，拔出佩刀將頭髮削去，跪在道一禪師的面前，成為禪師的弟子。

　　學習佛法，就是要自射。自射是通過堅韌不懈的修行，來徹底清除自心的煩惱。宋惠洪〈示禪者〉：「能回箭鋒射自己，方肯竿頭放步行。」只有勇於滅卻三毒的人，才能百尺竿頭更進步，成為人生的覺悟者。

桶底脫

真歇了禪師有一次到廚房，看到負責做飯的和尚，提著一個大桶在煮面，突然桶底脫落，裡面的麵食灑了出來。

佛門一粒米，重如須彌山。出家的人非常惜福，一粒米也不能浪費。眾人看到這個情形，都失聲叫道：「好可惜！」

真歇了禪師卻不慌不忙地說：「桶底脫落，應該歡喜才是，為什麼煩惱？」

這是站在禪悟立場上來看待桶底脫的。

原來，「桶底脫」在禪林中常常表示徹悟的狀態。一般情況下，桶底脫的桶，指漆桶。漆桶，是盛裝漆物之桶，或指黑色之桶。由於使用的時間長，桶身及桶內的顏色都渾濁不堪，既難以識別其最初之顏色，也無從區別與其他顏色的差異。在禪林，轉指世人由於無始以來所累積的無明煩惱，隱覆了本具的真如佛性。因此禪宗把一旦解脫煩惱、泯滅妄想、全面大悟的情形，稱為打破漆桶。桶底脫遂成為禪宗用來表示豁然開悟的用語。《碧巖錄》第九十七則：「打破漆桶來相見。」即是說應以消除煩惱後的本來面目相見。

不識廬山真面目，只緣身在此山中

宋蘇軾〈初入廬山〉詩：

青山若無素，偃蹇不相親。
要識廬山面，他年是故人。

　　詩意謂：如果和青山不曾有過交誼，它就高傲得讓你難
以親近。如果想瞭解廬山的真面目，只有等以後和它慢慢的
接觸、成為深交才行。

　　這種深交，到了一定的時候，蘇軾又發現了其中的問題，
這在〈題西林寺壁〉中有所表露：

　　　橫看成嶺側成峰，遠近高低各不同。
　　　不識廬山真面目，只緣身在此山中。

　　這首詩可以看作是對〈初入廬山〉的絕妙補充。

　　觀照事物，隨著角度不同，得出的印象也不一樣。只有
與觀察對象保持一定的距離，跳出「廬山」之外，才能得到
一個較為全面的結論。這首詩要人們超出時間的限制，而我
們如果要洞識萬事萬物的真面目的話，還必須超出時間的限
制。

　　仍以觀山為例。歐陽修的〈醉翁亭記〉說：太陽出來時，
林間的煙霧漸漸散開；暮雲歸山，岩穴一片迷濛，山間早晚
有明暗的不同。春天野花競發，幽香襲人；夏季佳木舒展，
濃蔭鋪地；秋季風冷霜清，天高氣爽；冬時水落石出，銀妝
素裹，山間的四季又有不同。

　　北宋畫師郭熙在〈林泉高致〉裡也指出了四時山色的不
同：「春山淡冶而如笑（形容山顏色淺淡明麗），夏山蒼翠而

如滴,秋山明淨而如妝,冬山慘澹而如睡。」後來沈顥〈畫塵〉亦云:「山於春如慶,於夏如競,於秋如病,於冬如定(如僧人入定)。」

可見對於一座山的印象,不僅隨著觀察角度的不同而不同,而且由於觀察時間的殊異而殊異。對宇宙人生,必須用宏觀的、跳出時空之外的眼光來審視方可得其真相。

把人生放到無限廣袤的宇——空間去感知,則渺小如滄海一粟。

把人生放到無限久遠的宙——時間中來體認,則短暫得似石火電光。

因此,塵世的一切爭競奪取,皆是蝸角虛名,蠅頭微利,而人們為利欲所驅,往往自蹈滅亡,豈不令人浩歎!

若能轉物,即同如來

《楞嚴經》:「一切眾生,從無始劫來,迷己逐物,失於本心,為物所轉。若能轉物,即同如來。」芸芸眾生,從長遠的時間以來,迷失本性,追逐外在的事物,迷失了自己的本心,被外在的事物牽著鼻子走。如果能夠自由自在地駕馭外在的事物,就和如來沒有兩樣了。

「轉物」指擺脫物欲,能隨心自如地驅遣事物而不被它牽著鼻子走。宋王安石〈擬寒山拾得二十首〉其二,用寓言的形式,生動地描寫了迷己逐物的情形:

> 我曾為牛馬，見草豆歡喜。
> 又曾為女人，歡喜見男子。
> 我若真是我，只合長如此。
> 若好惡不定，應知為物使。
> 堂堂大丈夫，莫認物為己！

　　做牛馬的時候，見到可口的草料、豆苗感到歡喜；做女人的時候，見到男人感到歡喜。牛馬不是真實的我，否則做女人的時候也應該喜歡上草豆；女人也不是真實的我，否則做牛馬的時候也應該喜歡上男子。輪迴流轉在生死之途，就為外物所驅使。如果是堂堂的男子漢大丈夫，就不要迷戀虛幻的外物了。

相逢盡道休官好，林下何曾見一人

　　唐代的刺史韋丹和詩僧靈澈交誼很深。靈澈和尚在廬山時，作了七首詠讚廬山的詩寄給任洪州刺史的韋丹，韋丹讀了，心儀神往，寫了首〈思歸寄東林澈上人〉詩：

> 王事紛紛無暇日，浮生冉冉只如雲。
> 已為平子休歸計，五老峰前必共聞。

　　詩意謂官事繁冗，沒有閒暇的時候，人生找不到最後的歸宿，像雲一樣沒有根蒂，漂泊西東。自己被靈澈的詩所喚

醒，決意像西漢張衡（字平子）一樣，寫篇〈歸田賦〉，毅然
從官場抽身，在廬山五老峰前與靈澈作方外之遊，以盡山林
之趣。

靈澈見詩後，酬答一首：

> 年老心閒無外事，麻衣草座亦容身。
> 相逢盡道休官好，林下何曾見一人？

前兩句說自己悠閒自得，後兩句說韋丹的言行不一。由
於它指出了一個普遍存在的事實，這善意的嘲諷成了後世譏
刺不能忘情於世俗，卻偏要搖首弄姿，故意擺出一副方外高
人的架式的那類人的絕妙禪語。

據宋張端義《貴耳集》記載，宋孝宗朝尚書鹿何年四十
餘歸隱築堂，匾曰「見一」，即是取靈澈詩意。由此可見「見
一」是多麼的不易。即使是甚得逍遙之趣的蘇軾，其〈臨江
仙〉也有「長恨此身非我有，何時忘卻營營」之慨，更遑論
「人人盡道事空王，心裡忙於市井忙」的芸芸眾生了。

雲無心而出岫，鳥倦飛而知還

蘇軾〈望雲樓〉：

> 陰晴朝暮幾回新，已向虛空付此身。
> 出本無心歸亦好，白雲還似望雲人。

　　白雲的故鄉是虛空。出山也好，歸山也罷，都稟持那一分質性的自然。無心出岫的白雲，是詩人性情的寫照。它在文學史上的源頭，則可以回溯到陶淵明的〈歸去來兮辭〉：

　　雲無心而出岫，鳥倦飛而知還。

　　岫是山的洞穴和岩穴，從穴中湧出來的雲叫「岫雲」。白雲無心地從岩穴飄出，隨風變滅，卷舒自如，鳥兒在外面飛了一整天，倦了，悠悠地沒入那一片蒼茫暮靄，尋一枝椏祥和地棲息下來。

　　可見，「無心」還不僅僅是「出岫」，還包括「知還」。對於陶淵明來說，其為官為隱，皆出於質性之自然。

　　晉宋時的士大夫個個心裡想做官，口頭卻對做官不屑一顧，陶淵明則是想出仕則出仕，並不以出仕為污；晉宋人標榜歸隱，以為隱居是清高的同義詞，陶淵明的歸隱只是由於在官場上感到不自在，不願為五斗米折腰而喪失自己純真自然的質性，才毅然歸隱的，本不為求隱士名。出本無心，歸亦無意。

　　「無心」即是忘記自己，不拘束自己的意思。但「無心」並不是沒有真心，而是指把小我昇華為大我，使小我自然消失。「鳥倦飛而知還」，意為凡是對生活感到疲憊時，就會有歸心，歸向心靈的故鄉。日本的白隱禪師曾把這兩句引用在〈槐安國話〉裡。

「雲靜靜地飄在天上，我也靜靜地活在世上」；「不要為追求私欲而繼續流浪的生活，要盡快恢復本心和純真的人性」——這便是禪者的「無心」、「知還」。

休　歇

禪宗將斷盡妄想的機法稱作「休歇」，這是開悟論層面上的禪宗終極關懷。

休歇，是諸佛出世的本懷：「諸佛出世，祖師西來，並沒有一個實實在在的法門可以教給人們，只是要諸人休歇。」

休歇，是如來親證的境界：「如來境界不是別的，就是大休歇、大解脫的境界。」

休歇，是對向外尋求的徹底反撥：「佛是塵埃，法是塵埃。終日求佛求法，有什麼休歇的時候?」

休歇，是對珍貴本心的充分肯定：「如今的參禪者，應當充分樹立起自信心。只有這樣，才有個休歇處。」

休歇，是對心行意路的截斷斬除：「不要運用心機向意根下揣測度量。如果這樣，縱是經歷再長遠的時間，也沒有休歇的時候。」

休歇，是對語言文字的揚棄摒落：「你們如果想尋言逐句，在語言文字上尋求終極的真理，縱是用盡聰明，設立各種問答辯難，也只是煉成了油嘴滑舌的功夫，結果是離真理愈來愈遠，有什麼休歇的時候?」

休歇，是對煩惱心垢的剝離遣除：「直下休歇去，剝卻長

久以來累積的污穢心垢吧。」

休歇，是無心應物恬淡閒適的情懷：「眼耳鼻舌身意的六根門頭都休歇下來，應物無心，就能處處得到閒適之趣了。」

休歇，是超越生死萬緣頓息的境界：「只有休歇到一念不生的時候，才是徹底的解脫，不墮情塵，不居意想。」

「千種言，萬般說，只要教君自家歇。」禪師的千言萬語，都是要使人歇卻妄念，以明心見性，以徹見「本來面目」。

休歇，在禪宗內部，向來有漸修和頓悟兩種方法。

漸修與頓悟

磨磚作鏡

慧能得意弟子之一是南嶽懷讓禪師。南嶽懷讓的門下，出了一代宗師馬祖。

當初，慧能大師坐禪時，恍惚之間，一片紫霧繚繞，他似乎聽到耳邊響起一陣急促而又清脆的馬蹄聲，但見一匹雪白的駿馬風馳電掣般閃過，那馬瘦骨敲銅，四蹄騰空，凌厲奔馳，仰天長嘯，氣宇軒昂。又聽得空中傳來一個聲音說：

「這是你的法乳。在你入滅之後，你門下的懷讓將有弟子出世，闡化江西，踏殺天下人，大興禪宗！」

慧能大師悠然出定，對隨侍在一旁的懷讓說：

「當年西天二十七祖般若多羅曾作了這樣一首偈語：『震

且雖闊無別路，要假兒孫腳下行。金雞解銜一粒粟，供養十方羅漢僧。』達摩祖師說一花開五葉，你在我入寂後應另立門戶，弘法護教。你的門下將要出一匹馬駒，會踏殺天下人。」

這匹馬駒，就是馬祖道一禪師。

馬祖道一禪師二十六歲時在衡山傳法院結庵而住，修習坐禪。當時懷讓禪師住持般若寺，得知馬祖每天坐禪，是一個值得造就的人，便前往傳法院接引他。

一見面，懷讓就問：「你整日坐禪為了什麼?」

馬祖回答說：「為的是成佛。」

懷讓聽後，一言不發，取了一塊青磚在廟前的石頭上磨了起來。

馬祖見此十分驚異，問懷讓：「你磨磚幹什麼?」

懷讓回答說：「我打算把它磨成一面鏡子。」

馬祖困惑不解：「石磚怎麼能磨成鏡呢?」

懷讓反問：「磨磚不能成鏡，坐禪又怎麼能成佛?」

馬祖聽後頓時醒悟，立刻俯首向懷讓請教：「依你之見，怎樣才是正確的成佛之道?」

懷讓問馬祖：「這好比牛駕車，當車子不走的時候，是打車還是打牛?」

馬祖不知該如何回答，沉默不言。

懷讓繼續說：「你坐禪的目的是為成佛，那麼禪並不限於坐臥的形式。因為佛法無所不在，沒有固定的形相。在絕對的禪宗大法上，不應該有取捨的執著。所以，僅靠坐禪不可

能悟道成佛。」

馬祖道一聽了，豁然開悟。

他恭敬地向懷讓行了一個大禮，然後問：「怎樣用心，才能達到絕對的最高境界?」

懷讓回答說：「你學習明心見性的禪法，如同播撒種子，而我教導你禪法要旨，好比天降甘露。只要機緣契合，就可以了悟絕對本體。」

從此以後，馬祖跟隨懷讓學禪，十年後大有所獲。懷讓去世後，馬祖繼承了他的衣缽。

「磨磚作鏡」是坐禪成佛的形象化的說法。坐禪成佛，即由定發慧，企圖通過把心放在無感覺的狀態下來獲得解脫，在南宗禪看來，這是不可能獲得徹底的解脫的。

調狂象

禪宗以制服狂象喻調伏妄心。「狂象」也稱「醉象」、「惡象」，比喻為害極大的迷亂之心。

《涅槃經》卷31說：「人心輕躁動轉，難以把捉調服。它馳騁奔逸，像一頭大惡象。」同書卷25又說：「好比惡象，狂癡暴惡，殺氣騰騰。有位調象師，用大鐵鉤鉤住它的頸部，狂象立刻就被調順，惡心都盡。一切眾生也是這樣。」狂象是暴戾的心，調象師是修行者。調狂象，就是用堅韌的毅力和果決的手段，消除人心中的粗惡成分。王維〈秋夜對雨〉：「白法調狂象。」白法指一切善法，也就是對治三毒的三學戒定慧。

以戒定慧調伏貪嗔癡，是佛教馴伏狂象的基本方法。

狂象一旦調伏，鐵鉤就純屬多餘，無鉤狂象就變成了露地白牛。

鎖心猿

調伏「心猿」就是調伏妄心。心逐境起，如猿猴之攀樹，故云心猿。《大日經・住心品》分述六十種心相，最後一種為猿猴心，謂此心如猿猴，攀援外境。《心地觀經》卷8：「心如猿猴，遊五欲樹。」意流注不息，一味追逐外境，猶如奔馳之馬，故稱「意馬」。

「心猿意馬」是成道的大障礙，心猿擾擾，意馬喧喧，放縱著貪嗔癡三毒無明，執著人我等相，使人障卻了自性的光明，因此必制伏之而後可。束縛住心猿意馬，就不會逐境而生貪求之心，從而使「意馬已成於寶馬，心牛頓作於白牛」（《景德傳燈錄》卷26）。此時心性調柔，縱是萬境現前，是非蜂起，也毫不為動，正如宋代道潛禪師所說：「心猿意馬就羈束，肯逐萬境爭驅馳？」

防六賊

「六賊」喻「六塵」。《涅槃經》卷23：「六大賊者，即外六塵……何以故？能劫一切諸善法故。」

六根猶如惡奴，引賊入室。眾生沒有智慧，處無明黑暗之中，色、聲等六種塵境常趁無明黑暗，依六根為媒介，如

眼根貪色，耳根貪聲等，來劫掠善法。因此，妙普禪師告誡學人：

> 學道猶如守禁城，晝防六賊夜惺惺。
> 中軍主將能行令，不動干戈致太平。

「六根」引賊入室，「自劫家寶」（《楞嚴經》卷4）。為了防止這種情形，必須防護六根，使之不生起貪欲，所以學道猶如守衛禁城，不但白天要謹慎，夜裡也要清醒。「中軍主將」是無染的本心。保持警惕，不貪戀外境，就會心國太平，不起騷動。

龜藏六

「如龜藏六」是禪師教示弟子的一句常用語。

釋尊在舍衛國祇園精舍弘法利生時，發現有一個修行人在河畔的樹下修行了十二年。雖然他修行了很久，始終不能除去貪欲的念頭，心思散亂，沉迷在眼、耳、鼻、舌、身、意這六根的欲念裡。

一天，釋尊看見機緣成熟，應該去指點那個修道者了，便化身為一個和尚走到河畔，跟那個修道者在樹下住宿。

那是個月明星稀的夜晚，河裡爬出一隻烏龜來，剛好有一條野狗饑餓地走來。野狗一瞧見烏龜，心中欣喜，毫不遲疑地張大嘴巴準備吞下那隻烏龜。

　　烏龜吃了一驚，頭尾四腳立刻縮進龜甲裡去。野狗焦急地用鼻孔嗅著眼前的烏龜，左思右想，毫無辦法，最後失望地慢慢離去。

　　烏龜見野狗走遠了，才安心地伸出頭腳和尾巴，逃離了一場劫難。

　　目睹這一幕，修道者對身旁的釋尊說：「那隻烏龜因為有鎧甲保護生命，野狗才不能得逞。」

　　「不錯，人難道不如這隻烏龜嗎？世人不懂世間無常，貪圖六根的欲念，這就給外魔以可趁之機。外魔會趁機破壞人身，摧毀精神，使人陷入生死輪迴。其實，一切苦惱，全由自己的內心而起，我們應該適時地抑制它啊。」

　　修道者聽見釋尊的話，立刻斷除了欲念，證得了阿羅漢果。

空色相

　　清末民初的蘇曼殊，既是一位僧人，也是天才詩人、小說家、散文家和翻譯家。

　　曼殊的詩寫得很好，不知令多少人傾倒。因為在這一首首美麗的詩後面，有著一個個美麗動人的故事。

　　曼殊出家時，有位女子對他非常癡情，願意以身相許，蘇曼殊在詩中記載了這件事：

　　　　烏舍凌波肌似雪，親持紅葉索題詩。

還君一缽無情淚，恨不相逢未剃時。

據曼殊自注，「梵土相傳，神女烏舍監守天閽，侍宴諸神」，可見他回絕的是一位美麗而多情的女子的愛情。因為他已許身佛門，不再屬於多情世界了。

蘇曼殊在日本時也有同樣的遭遇，其〈東居雜詩〉云：

異國名香莫浪偷，窺簾一笑意偏幽。
明珠欲贈還惆悵，來歲雙星怕引愁。

這位女子對自己再有意，曼殊也不敢隨便作出響應。如果現在贈送她定情禮物，來年天各一方時，彼此望著牛女雙星牽愁引恨，豈非罪過？曼殊早年寫過「不向情田種愛根」的絕情詩，其〈寄調箏人〉也表達了同樣的意趣：

禪心一任蛾眉妒，佛說原來怨是親。
雨笠煙蓑歸去也，與人無愛亦無嗔。

曼殊一心向佛，情願忍受多情女的怨恨。詩意謂自己頂著雨笠披著煙蓑，歸向那一片迷茫的煙雨，心湖早已平靜無波，與人無所愛戀，也不會發生嗔恨了。

「懺盡情禪空色相」的蘇曼殊，當選擇了寧靜作為生命的棲泊地時，心湖便不再有什麼大波大浪了。

牧　牛

　　禪宗經常用牧牛比喻調養心性，這是根源於佛教以「牧牛」喻調心。《佛遺教經》：「譬如牧牛，執杖視之，不令縱逸，犯人苗稼。」禪宗發揮這一意旨，形成了很多牧牛公案。

　　石鞏投馬祖出家後，在廚房做事。有一次，慧藏正在廚房裡忙活，道一禪師路過那裡，便問道：

　　「你在幹什麼？」

　　「我在牧牛。」

　　慧藏回答說他在牧牛，意思是說在調養心性。在廚房裡做事的同時還能調養心性，或者說，在廚房裡做事的本身就是調養心性，這是個難能可貴的境界。道一心生歡喜，沒想到石鞏剛放下弓箭、進入佛門就有這般見地，便進一步問道：

　　「不知你怎麼放這頭牛？」

　　石鞏不慌不忙地回答：

　　「只要牠進入草中，就拽住鼻繩，把牠拉回來！」

　　石鞏答語中的「草」象徵見取，「入草」就是認同外境，追逐外物。而「牧牛」則要保持心態的調和，刻意防範。一旦牛要犯人苗稼，執著於草，就要立刻拽緊鼻繩把牠拉回來。心如果追逐外境，也要把牠拉回來。牛被訓練調和得久了，便會馴服，一旦馴服了，鼻繩就成了多餘的東西。心性修煉得圓熟安定了，縱使見了可以引起欲望的東西，也不會生起任何欲望，這時，一切的約束也都顯得多餘了！

　　因此，聽了石鞏的話，道一會心一笑，點頭讚許道：

「你真會放牛!」

「牧牛」就是要保持心態的調和，一旦落入見取的「草」中，就要立即將心拽過來。大安參百丈，百丈引用《佛遺教經》開導他，說發現真我、明心見性即是「騎牛至家」，悟道後的保任是「如牧牛人執杖視之，不令犯人苗稼」。大安後來說：

「我在溈山三十年，沒有幹別的，只是照看一頭水牯牛。如果牠不走正路，進入了雜草中，就把牠牽出來。如果牠侵犯了別人的苗稼，就鞭撻牠使牠調伏。時間久了，牠變得十分聽話。如今牠變成了一頭露地白牛，常在面前，終日露迴迴地，趕也趕不走了。」

對境心數起，菩提作麼長

禪宗不墜頑空的主張，六祖實有首倡之功。

《壇經·機緣品》載臥輪禪師偈：

臥輪有伎倆，能斷百思想。
對境心不起，菩提日日長。

臥輪認為，既是般若，就應該不生心。如果一生心，就有所住。慧能針鋒相對地作了一偈：

慧能沒伎倆，不斷百思想。

　　　對境心數起，菩提作麼長。

　　慧能指出，般若所證的空，並不是什麼都沒有的頑空。不思善，不思惡，並非善惡不分，是非不明，而是在分美醜、辨是非、明得失中，不起任何貪愛、執著，以平等無差別之心，明歷歷地觀照事物的本來面目。

　　這兩首禪偈之所以不同，是因為它們分別基於漸修、頓悟的立場。基於漸修的立場，就要不停地斷除各種雜念妄想，以對境心不起；基於頓悟的立場，煩惱本來空，即可於應物無心中徹見本來面目。

佛性常清淨

　　禪宗的根本精神是超越。超越的途徑是「不思善不思惡」，也就是「截斷兩頭」的不二法門。慧能的得法偈是對南宗禪有重要影響的著名禪偈：「菩提本無樹，明鏡亦非臺。佛性常清淨，何處有塵埃。」

　　慧能之偈，直指人心，認為人的本心便是一切，它天生清淨，只要見到了這個本心，便能頓悟成佛。

　　「佛性常清淨」是對「時時勤拂拭」的堅決否定。因為「時時勤拂拭」的努力是建立在分別淨與不淨的基礎之上，而分別淨與不淨就把它們對象化了。只要把清淨當作一種客體去追求，並將它與不淨相分別，則所追求到的清淨仍然不是徹底的清淨。

慧能提出「佛性常清淨」，意為佛性本質上就是清淨的，在淨與不淨的分別產生之前就「常」存在了。清除了淨與不淨的分別，並參透這一分別產生的根源，便不會為淨與不淨的問題所困惑。所以「佛性常清淨」可以不依賴去垢得淨而成立。

由此看來，「清淨」是我們存在和活動的基礎，而不是將來要達到的目標。基於始淨觀點的「時時勤拂拭」，設想出一種超出現在狀態的、作為終極目標的「清淨」，通過不斷地拂拭塵埃的方式來求得心境的明亮，殊不知鏡子的明亮常在，即使它的表面蒙上了塵埃不再照物的時候，它的明亮也是存在的。明亮從來就沒有離開過鏡子，而不是「時時勤拂拭」才出現的。

本來無一物

「佛性常清淨」後來被改成「本來無一物」，慧能的那首偈子便有了我們今天所見到的兩幅面貌。

《壇經》的十幾種本子中有代表性的計四種：敦煌本、惠昕本、契嵩本、宗寶本。一般認為，敦煌本出自完成於唐代中葉的《壇經》原本，為了適應禪宗思想的發展變化，後世禪僧借慧能之名一再對《壇經》加以改編，時有增補。

依有的學者的看法，這句偈語的首竄者先把《般若》性空誤解為「本無」，再以「本無」來竄改「佛性」。般若系經典的思想不僅否定現實世界，而且連彼岸世界也徹底否定；

而慧能思想得力於《涅槃經》一類大乘經典，只是一種特稱
否定，只空現象，不空本體。故而《般若》空宗同《涅槃》
一類經典中的佛性論思想，是分屬於性質不同的兩種思想體
系。「本來無一物」反映了被誤解的《般若》思想，因為「本
來無一物」其實是「本無」思想的重複，而「本無」是「性
空」一詞不確切的譯語。「性空」指宇宙萬有無自性，僅有假
相，「緣起有，自性空」，它空掉的只是事物的「自性」(本體)，
至於事物的現象，它是承認其為假有(「緣起有」)的。所以，
「本來無一物」不僅同「佛性」思想背道而馳，而且也同「性
空」之說相悖。可見竄改這句的人，不僅不瞭解「佛性」論，
也不瞭解「性空」說。

　　得出「佛性常清淨」與「本來無一物」決不相同的結論，
是基於對「無一物」就是什麼也沒有的理解。實際上，「本來」
即是「佛性」，「無一物」並不是什麼都沒有，而是指沒有任
何形狀、超越一切形相而言，指無染無淨、無生無滅、無來
無去的精神存在，猶如虛空之不受塵染。這個「無一物」正
是不思善不思惡、超越二分法的父母未生前的「本來面目」，
「本來無一物」的意思乃是指本來就沒有善惡、是非、迷悟、
淨染，正是「佛性常清淨」之意。這兩句話表達的都是超越
清淨與不清淨二分法的禪悟體驗，兩者並無牴牾，之所以出
現文字的不同，只不過是後來者想使這種觀點表達得更為明
朗、形象罷了。

空　觀

人之性命事，第一須是○

佛陀住世時，有一位黑氏梵志，來到佛陀的座前，運用神通，兩手拿了兩個花瓶站在佛陀的前面，想把這兩瓶花奉獻給佛陀。

佛陀見了，說：「放下。」

梵志立刻把左手裡的花瓶放下。

佛陀又說：「放下。」

梵志又把右手裡的花瓶放下來。

佛陀還是對他說：「放下！」

梵志不解地問道：「我已經兩手空空，沒有什麼可以再放下的了。請問佛陀，現在我還應該放下什麼？」

佛陀說：「我叫你放下，並不是叫你放下手裡的東西。我要你放下的是你的六根、六塵和六識。當你把根、塵、識都放下時，你就再也沒有什麼對待觀念，沒有什麼分別心腸，你就可以從生死的桎梏中解脫出來了。」

梵志這時才瞭解佛陀讓他放下的真義。

人生在世，有太多的放不下。如果我們都像佛陀指示的那樣能夠放下，便不失為一條幸福解脫之道。而禪的宗旨，就是要我們對一切既要提得起，更要放得下。

因此，法演禪師示眾說：「人之性命事，第一須是〇。」
〇，即是空的形象表述。人要安身立命，第一步必須空。

參禪的第一步是空，只有清除情塵欲垢之後，心境才能
空明澄澈。

既從空中來，還向空中去

《紅樓夢》第八十七回，惜春聽說妙玉坐禪走火入魔後，
默然無語，因想：「妙玉雖然潔淨，畢竟塵魔纏繞。一念不生，
萬緣俱寂。」遂口占一偈云：

> 大造本無方，云何是應住？
> 既從空中來，還向空中去。

大造，指佛法。佛法無邊，能造大千世界，故云。無方，
即無常。住，住相，指迷戀於現實世界。詩意謂現實世界並
非永遠不變，萬事萬物時刻流轉，何處是應當迷戀不捨的立
腳點呢？無中生有，有復歸空。我們既然從「空」中而來，
自應再回到「空」中去。對於塵世的一切，都應當捨棄。惜
春後來果然遁入空門，過著「可憐繡戶侯門女，獨臥青燈古
佛旁」的出家生活。

四大皆空

《維摩經·問疾品》：「四大合故，假名為身。四大無主，

身亦非我。」

　　四大指地水火風，佛教認為世界萬物和人之身體，均由四大組成。五蘊狹義為現實人的代稱，廣義為物質世界和精神世界的總和。小乘佛教認為人是五蘊的暫時和合，唯有假名而無實體。洞曉四大本空，五蘊非有，即可對生命持超然的態度。

　　《圓覺經》：「要經常這樣想：我如今的這個身體，是四大和合而成的。頭髮、牙齒、皮肉、筋骨等，屬於地大；唾液、膿血、痰淚、精氣、大小便等，屬於水大；人的體溫屬於火大；呼吸、運動，屬於風大。一朝四大離散，我們的虛妄的身體在什麼地方？」

　　禪宗汲取這種觀念，主張看破四大五蘊和合的人身，以獲得心靈的解脫。禪師告誡學人：

　　「你們要參禪麼？須是放下。放下個什麼東西？放下四大五蘊。」（《續古尊宿語錄》卷1）眾生由於妄執有我，以致沈迷物欲，墜入生死輪迴。殊不知色受想行識五蘊不過是虛假的和合，其中並沒有實在的主人。組成人身的地水火風四大，如同海市蜃樓般的虛幻不實。

心空及第歸

　　唐代的龐蘊居士，師從馬祖學禪，呈偈馬祖，稱讚其禪風之盛說：

十方同聚會，個個學無為。

此是選佛場，心空及第歸。

「選佛」意為選擇成佛作祖的高僧。龐蘊的偈子意為：四面八方的人都集中在這裡參悟禪道，學習無為的禪法。這裡是選擇成佛作祖的高僧的地方，只要心空，就能考試合格被錄取，歸去另立山頭，獨自開宗立派了。

唐代的丹霞天然禪師，早年研習儒書，準備到長安應舉，途中寄宿一店，遇到一位禪僧。

禪僧問：「施主行色匆匆，準備到哪兒去？」

丹霞自信地說：「選官去。」（考取進士，弄個官做做）

禪僧說：「選官哪裡比得上選佛？」（參禪悟道，被老師選中，成佛作祖）

丹霞聽了，感覺禪師出語不凡，當下便問：「我應當到哪兒去選佛？」

禪僧指點他：「如今在江西弘揚禪法的馬祖道一大師，是天下公認的禪宗大師，能夠使人解脫生死的苦惱，獲得徹底的覺悟。那裡是選佛場，你到他那裡，必定會有所成就。」

天然聽了，就改變初衷，直奔江西，參見馬祖，後來成了一代名師。

選佛場裡的考試，與別處很不一樣。只有「心空」，放下人生的一切執著，才能及第成佛，開山作祖。

不二禪機

不二法門

不二法門是佛法微妙的象徵。所謂法門，就是入道的門徑。不二法門是絕思議、無分別的佛教真理，高於其他種種法門。

《維摩經・入不二法門品》載，維摩詰示疾毗耶離城，與諸位大菩薩共論不二法門。維摩詰請眾菩薩說說什麼是不二法門，三十二位菩薩列舉了許多對立的概念（「二」），諸如生與死、垢與淨、罪與福、善與不善、為與無為、我與無我、明與無明等等。眾菩薩認為，消除了這些對立面，不生不滅，不垢不淨，即可進入不二法門。

文殊菩薩最後總結說：「根據我的想法，對一切法無言無說，無示無識，離絕問答，這就是進入不二法門了。」

接著，文殊問維摩詰：「居士覺得是不是這回事呢？」

維摩詰默然無言。

文殊讚道：「好啊，好啊，連文字語言都沒了，這才是真正的不二法門啊。」

三十二位菩薩通過把二見合為一見，即消除對立的方法，來說明什麼是不二法門，這屬於「以言遣言」；文殊比他們要高出一籌，認為無言無說即是不二法門。然而，這種作法仍

然像用掃帚掃灰塵，灰塵雖除去，掃帚的痕跡還在。唯有維
摩詰默然，才是不二法門的最高境界。

　　禪宗化解各種對立以獲得主體精神無限超越的法寶是
「不二法門」。不二法門是中道哲學高度發展的結果，被禪宗
視為家寶。

　　《信心銘》指出：「至道無難，唯嫌揀擇。但莫憎愛，洞
然明白。」去除了妄想分別，大道就會明明白白地呈現在目前。
「才有是非，紛然失心。」一生起相對的意念，就會破壞原本
寧靜圓滿的心態。因此不可住於兩邊，凡是涉及到相對的見
解，都要加以揚棄，片刻也不讓其停留心中。「一切二邊，良
由斟酌。」相對的二元意識的生起，是由於人的分別念，「要
急相應，唯言不二。」要想與大道相應，就必須證入不二法門。
不二法門將好惡、是非、美醜、有無、大小、一多等相對觀
念打成一片。

　　禪宗運用「不二法門」，超越一切對立，以明心見性，回
歸於清湛純明的本心，徹見「本來面目」。這些「不二法門」，
主要有「彼此不二」、「淨穢不二」、「生死不二」、「指月不二」、
「色空不二」等。

不思善，不思惡

　　慧能在大庾嶺頭啟發禪心，開示惠明：

　　「不思善，不思惡，正與麼時，那（哪）個是明上座本
來面目？」

惠明言下大悟，如人飲水，冷暖自知。

慧能啟發惠明禪明時，運用的正是不二法門。

善、惡代表諸如黑白、是非、真偽、美醜、淨垢、得失、迷悟等一切相對意識。我們二元對待的思維，習慣地將一切事物相對地區分為善惡，然後執著一方，憎惡另一方。「正與麼時」是相對認識尚未產生之時，「本來面目」存在於善惡二分法產生之前。重現「本來面目」就是要超越二分法而進入一念不生的境界。「不思善不思惡」的不二法門，遂成為禪宗精神超越的根本方法。

一刀兩斷

禪宗將剿絕情識的不二法門，喻為「一刀兩斷」，指師家採取峻烈迅猛的手段，斬斷學人邪妄的見解。

禪宗指出，聰明伶俐之人，多被俗智所障，以致道眼不開，觸途成滯。必須將相對的意念斬斷，才能復活本心的妙用。「眾生無始以來，為心意識所使，流浪生死，不得自在。果欲出離生死，作快活漢，須是一刀兩斷，絕卻心意識路頭，方有少分相應。」（《大慧錄》卷29）意思說眾生長久以來，被心機意識所驅使，輪迴在生死苦海，不能得到自在解脫。如果想脫離生死，成為快活漢，必須一刀兩斷，將相對的意識悉皆斬除，才能與大道相應。

禪宗隨說隨掃，「一刀兩斷」之後，對「一刀兩斷」的意識也予以超越，所以又說「一刀兩斷，未稱宗師」。（《五燈會

元》卷12)

坐斷兩頭

與「截斷兩頭」相類的表示剿絕相對觀念的常用禪語是「坐斷兩頭」。禪宗用它表現遮斷從此岸（凡）渡到彼岸（聖）的渡口津要，斷絕凡聖、生佛、迷悟、修證等對待關係，「坐斷情塵意想，不落見聞覺知」（《密庵語錄》）。

「兩頭」是相對的認識方法，要使相對的認識成立，至少要有兩種東西相對立比較，這就是「兩頭」。禪宗認為，陷於「兩頭」，就是陷於分別計較，就會喪失生命的本真。因此必須運用不二法門將兩頭截斷。截斷兩頭，消除了相對的知識後，才有絕對的知識。只有截斷兩頭，方能歸家穩坐。截斷兩頭之後的境界是：「儒即釋，釋即儒；僧即俗，俗即僧；凡即聖，聖即凡；我即爾，爾即我；天即地，地即天；波即水，水即波。酥酪醍醐，攪成一味；瓶盤釵釧，熔成一金。」（《大慧錄》卷28）容不得絲毫虛妄分別，完全是平等光明的境界。

紅爐片雪

絕對的般若消融相對知識，禪宗還用「紅爐片雪」來表示。《十牛圖頌》有「紅爐焰上爭容雪，到此方能合祖宗」之詠，是把紅爐片雪視為調心臻於人牛俱忘時所獲得的體驗，有漸中頓的色彩。禪宗在使用紅爐片雪象徵時，更多的是注

重它的頓悟性質。

片雪投入彤紅的爐中，立刻融化，象徵般若空慧能當下消除一切執見和虛妄之情。所謂空慧，就是觀察一切事物緣起性空的智慧。長髭見石頭，一言之下，頓忘知解，說自己的感覺「如紅爐上一點雪」，石頭遂予印可（《祖堂集》卷5）。

禪僧喜用「紅爐片雪」表示纖塵不立的悟心。其中圓悟克勤對「紅爐片雪」一語尤喜運用，如：「到個裡還容棒喝麼，還容玄妙理性麼，還容彼我是非麼？直下如紅爐上一點雪相似。」「此中不喚作心，不喚作佛，亦不是物，直似紅爐上著一點雪相似。」「應須淨穢二邊都不依怙，有心無心，有見無見，似紅爐著一點雪，二六時中透頂透底、灑灑落落。」其弟子宗杲亦善用此喻，如：「即心即佛莫妄求，非心非佛休別討。紅爐焰上雪華飛，一點清涼除熱惱。」（《大慧錄》卷8）

觸背關

參禪不疑不悟，小疑小悟，大疑大悟。為了截斷兩頭，禪宗在公案中故意設置了禪關，學人如果用思維定勢去思考，就會兩頭受阻，決難突破。過關而去者，即能歸家穩坐。

觸背關的設立，有其經典依據。《楞伽經》卷1指出，諸法既不屬於有，也不屬於無，執有執無皆為愚夫妄想。《攝大乘論》說，有是增益謗，無是損減謗，亦有亦無是相違謗，非有非無是戲論謗。四句若離，百非自絕。《通玄抄》提出五種謗，其中「第一執有，是增益謗；第二執無，是減損謗」。

故禪宗謂「一法若有，毗盧墮在凡夫；萬法若無，普賢失其境界」。

《景德傳燈錄》卷16載，元安禪師博通經論，為臨濟義玄的侍者，去世前曾對僧眾說：

「我不是明天就是後天就要與你們長別了。現在有一件事要問問你們：若道這個是，即頭上安頭；若道這個不是，即斬頭求活。」

一切法平等不二，離絕思量分別，是為「如如」。一經思量分別，就陷入有無等執見中，「如如」遂不復存在。對元安之問，若答是，則頭上安頭，屬於增益謗；若答不是，則斬頭求活，屬於減損謗。是與不是，都是對平等不二的「如如」妄加增損，皆是妄想分別。

芭蕉慧清示眾謂：

「你有拄杖子，我與你拄杖子；你無拄杖子，我奪卻你拄杖子。」

如果陷於有無、與奪等相對意識，就永遠不能見道。

首山省念禪師拈竹篦示眾：

「喚作竹篦即觸，不喚作竹篦即背，喚作什麼?」

也是著名的觸背關。禪林頌云：「不觸又不背，徒勞生擬議。開口更商量，白雲千萬里。」(《禪宗頌古聯珠通集》卷36)突破觸背關，就是大地山河俱粉碎的開悟心態。對觸背關，要像獅子翻身那樣勇於突破，否則就成了追趕石塊而放過擲塊人的呆犬，棄本逐末，難有了悟之期。

　　突破觸背關、破除迷執的最有效法寶就是不二法門。「乾屎橛」、「麻三斤」、「吃茶去」是突破觸背關中幾則最為著名的禪語。

吃茶去

　　唐代高僧從諗禪師，居趙州（今河北省趙縣）觀音院，叢林中稱他為趙州。他的師父是南泉禪師，師祖是馬祖禪師。

　　趙州問僧：「你以前來過這兒嗎？」

　　僧答：「來過。」

　　趙州說：「吃茶去。」

　　趙州又問另外的僧人同樣的問題，僧答：「我第一次到這裡來。」

　　趙州說：「吃茶去。」

　　院主大惑不解，問道：「來過也吃茶去，沒來過也吃茶去，這是什麼意思？」

　　趙州大喊一聲：「院主！」

　　「在！」院主脫口而答。

　　趙州說：「吃茶去。」

　　趙州主張隨緣任運，不涉言路，三稱吃茶去，意在消除學人的妄想分別。一落入妄想分別，就與本性乖離。參禪的第一步，乃是「遇茶吃茶，遇飯吃飯」（《祖堂集》卷11），除去妄想，所以清湛愚老人《心燈錄》讚吃茶去三字「真直截，真痛快」。

庭前柏樹子

僧問趙州：「什麼是祖師西來意？」

趙州說：「庭前柏樹子。」

僧云：「師父不要將境示人才好。」

趙州答：「我不將境示人。」

僧又問：「那麼現在再請談談什麼是祖師西來意？」

趙州說：「庭前柏樹子。」

祖師指東土禪宗初祖達摩。禪法中熱門話題之一便是反覆參究達摩西來、弘揚禪法的宗旨。在對這個問題的回答中，趙州的答語頗見深度。學人探問什麼是祖西來意，是分別妄想，因為趙州曾說：「至道無難，唯嫌揀擇，才有語言，是揀擇。」指出語言即是分別妄想。所以當學人生起妄想時，趙州隨口一句「庭前柏樹子」，讓他驀地一驚，頓斷理路。學人懷疑他是將境示人，趙州立即否認，因為佛教主張「三界唯心」，一切境皆是心，因此以俗眼來看，柏樹子是境；以佛眼觀之，柏樹子是心。所以趙州說自己沒有「將境示人」。異日僧又問：「柏樹子還有佛性也無？」趙州說：「有。」僧復問：「幾時成佛？」趙州說：「待虛空落地時。」再問：「虛空幾時落地？」趙州說：「待柏樹子成佛時。」

僧人問柏樹子是否有佛性，是以「無情無佛性」、只有「有情」才有佛性為前提的。柏樹子屬於「無情」，當然沒有佛性，而趙州斷言柏樹子有佛性，能成佛，是因為境即心，無情之柏樹子也是有情之心所現。「虛空落地」即指泯滅心和境、無

情和有情等種種妄想差別。

　　庭前柏樹子在叢林中影響尤著。宋代近了和尚有個弟子，因參「庭前柏樹子」有所省悟，遂自號「柏樹子」；真如方禪師一向「唯看柏樹子話」；承審禪師亦以「庭前柏樹子」啟迪學人。

彼此不二

此有則彼有，此生則彼生

　　《法華經·方便品》：「佛種從緣起。」

　　緣起論是佛教最有價值的部分之一。《雜阿含經》卷47說：

> 此有則彼有，此生則彼生。
> 此無則彼無，此滅則彼滅。

　　這是佛教緣起論的精闢表述。「緣」是指事物間普遍聯繫和條件。一切事物均處在因果聯繫之中，依仗一定的條件和相互作用而產生發展和消亡，沒有固定不變、獨立存在的性質。各種事物由於因緣和合而生起，因緣離散而滅謝。諸法從緣生，諸法從緣滅。世上萬事萬物都是因緣和合而成，此有則彼有，此生則彼生。

　　現代物理學為緣起論提供了科學的佐證。量子力學的波

粒二象性原理指出，在測量儀器和微觀客體間存在著不可控制的相互作用，科學家無法扮演獨立的客觀觀察者的角色，而是捲入到他所觀察的世界中去。約翰·威勒把這種觀察者的介入看成是量子論最重要的特點，主張用「參與者」來代替「觀察者」一詞。

玻爾在其名著《原子論和自然的描述》中提出：「物理學中的新形勢，曾經如此有力地提醒我們想到一條古老的真理：在偉大的生存戲劇中，我們既是觀眾又是演員。」

靴祥假設原理指出，在原子和亞原子學中，基本粒子的存在是不可能的，它是互相聯繫的過程而非物體，「每個粒子都由其他所有粒子組成」。

靴祥哲學把宇宙看成是相互關聯的事物的動態網絡。玻瑪說：「人們被引向關於整體不可分割的新觀念，它否定了可以把世界分解隔離的獨立存在的經典概念……我們把通常的經典概念顛倒過來，那種觀念認為世界的獨立『組成部分』是基本的實在，而各種系統只是這些部分特定的、偶然的形式和組合。我們應該說，整個宇宙的不可分割的量子性相互聯繫是基本的實在，而有相對獨立行為的部分僅僅是這個整體中特定的、偶然的形式。」

現代天體物理學、宇宙學也從宏觀上向我們表明，物體並不是彼此分離的實體，而是與它們的環境不可分割地聯繫在一起。天文學家弗雷德·霍伊爾指出：「宇宙學的最新發展明確地指出，我們日常的條件是無法離開宇宙中的遙遠的部

分而存在的，如果脫離宇宙的遙遠的部分，那麼我們關於空間和幾何的概念也就完全錯了。我們的日常經驗，甚至在最小的細節上都是與宇宙的大尺度性質密切地聯繫在一起的，以致於根本不可能設想這兩者可以分離。」

若言弦上有琴聲，放在匣中何不鳴

萬事萬物皆緣起，聲音也不例外。《楞嚴經》卷4說：「譬如琴瑟琵琶，雖有妙音，若無妙指，終不能發。」本是形容學人開悟，需要自心清淨與師家指點的因緣和合。蘇軾〈題沈君琴〉化用此語，表達了對聲音和合的體認：

> 若言琴上有琴聲，放在匣中何不鳴。
> 若言聲在指頭上，何不於君指上聽？

僅有琴弦不能發聲，僅有指頭也不能發聲。琴聲產生於手指與琴弦的相互作用。韋應物〈聽嘉陵江水寄深上人〉也說：「水性自云靜，石中本無聲。如何兩相激，雷轉空山驚？」表達了同樣的禪悟體驗：水石本靜，由於地勢的高下，江水激石，這才有了聲音。如果水石之間沒有因緣的合成，則水聲就無從產生。世上萬物，莫不如此。

啊，一顆薺花，開在籬牆邊

日本詩人芭蕉俳句：「當我細細看，／啊，一顆薺花，／

開在籬牆邊！」

這是芭蕉在鄉野小路上散步時寫的一首小詩，經過日本禪學大師鈴木大拙的禪意的闡釋，它遂成了著名的禪語。

鈴木在《禪學講座》中說：「當芭蕉在那偏遠的鄉村道路上，陳舊破損的籬牆邊，發現了這一枝不顯目的、幾乎被人忽視的野草，開放著花朵時，他就激起了這個情感：這朵小花是如此純樸，如此不矯作，沒有一點想引人注意的意念。然而，當你看它的時候，它是多麼溫柔，多麼充滿了聖潔的榮華！……正是它的謙卑，它的含蓄的美，喚起了詩人真誠的讚美。這位詩人在每一片花瓣上都見到生命或存在的最深神秘……當一個人的心靈詩意的，或宗教性的開啟，他就像芭蕉一樣，覺得在每一片野草的葉子上都有一種真正超乎所有貪欲的卑下的人類情感的東西。這個東西將人提昇到一個淨域，這個領域的光華猶如淨界然。」

鈴木還引用了西方人但尼生的一首詩來與此加以比較，從而認為：西方人的心靈是分析的、非人性的、自我中心的；而東方的心靈是綜合的、人性的、超出人類中心主義傾向的，這便是禪意的人生態度。當芭蕉處在「絕對主觀」之中時，芭蕉看到薺花，薺花看到芭蕉。人與物的界限泯滅了，人便不再帶有實用的、自私的目的將它從枝上採下來帶回屋裡觀賞，像西方人常做的那樣。

隻手之聲

日本的默雷禪師，有個叫東陽的小徒弟。

這位小徒弟看到他的師兄們，每天早晚都分別到大師的房中請求參禪開示，師父給他們公案，用來拴住心猿意馬，於是也請求師父指點。

「等等吧，你的年紀太小了。」

但東陽堅持要參禪，大師也就同意了。

到了晚上參禪的時候，東陽恭恭敬敬地磕了三個頭，然後在師父的旁邊坐下。

「你可以聽到兩隻手掌相擊的聲音，」默雷微微含笑地說道：「現在，你給我去聽一隻手的聲音。」

東陽鞠了一躬，返回寢室後，專心致志地用心參究這個公案。

一陣輕妙的音樂從窗口飄入。「啊，有了，」他叫道：「我會了！」

第二天早晨，當他的老師要他舉示隻手之聲時，他便演奏了藝妓的那種音樂。

「不是，不是，」默雷說道：「那並不是隻手之聲。隻手之聲你根本就沒有聽到。」

東陽心想，那種音樂也許會打岔。因此，他就把住處搬到了一個僻靜的地方。

這裡萬籟俱寂，什麼也聽不見。「什麼是隻手之聲呢？」思量之間，他忽然聽到了滴水的聲音。「我終於明白什麼是隻

手之聲了。」東陽在心裡說道。

於是他再度來到老師的面前，摹擬了滴水之聲。

「那是滴水之聲，不是隻手之聲。再參!」

東陽繼續打坐，諦聽隻手之聲，毫無所得。

他聽到風的鳴聲，但也被否定了；他又聽到貓頭鷹的叫聲，但也被駁回了。

隻手之聲也不是蟬鳴聲、葉落聲……

東陽到默雷那裡一連跑了十多次，每次各以一種不同的聲音提出應對，但都未獲認可。到底什麼是隻手的呢? 他幾乎想了近一年的工夫，始終找不出答案。

最後，東陽終於進入了真正的禪定而超越了一切聲音。他後來談自己的體會說:「我再也不東想西想了，因此，我終於達到了無聲之聲的境地。」

東陽已經「聽」到了隻手之聲了。

野鴨子

馬祖和弟子百丈一起在郊野散步，一群野鴨受驚飛走。

馬祖問百丈:「那是什麼?」

百丈直截了當地回答:「野鴨子。」

馬祖又問:「牠們飛到哪兒呢?」

百丈答:「都已飛走啦。」

馬祖在百丈的鼻頭上重重地捏了一下，百丈失聲叫道:「好痛喲。」

　　馬祖若無其事地說:「什麼? 飛走啦? 不是還在這裡嗎?」

　　百丈陡然大悟。

　　野鴨飛空的發問屬於現量,因此答「野鴨」是正確的。但再問飛何處,卻不是指野鴨而言,而是問心到何處去了。百丈只把野鴨當作野鴨來認識,所以答:「飛走了。」馬祖卻把野鴨和百丈想在一起,他並非指第三人稱的野鴨,而是指第一人稱的百丈。當馬祖問「牠們飛到哪兒呢」之時,指的是眼前的人與萬物交融互攝、沒有任何間隔障礙的境界,可百丈卻「依前不會」,沒能領悟,他的心隨著野鴨飛遠了。所以馬祖就捏住他的鼻子,這是說他的方向錯了,應該扭轉過來。百丈也正是在「把住」——被重重地捏了一下鼻子後才醒悟過來。雖然野鴨、飛空都是極為平常的事,但馬祖卻要發問,要在這一問之中將禪的微妙傳與百丈。

淨穢不二

天女散花

　　維摩詰居士智慧無雙,擅長辯論。他在毗耶離城臥病,想借此與佛的弟子們探討佛法。佛陀派大弟們前去探視,眾弟子都因為曾經在辯論中輸給了維摩詰,擔心不能完成使命,而不敢前去。後來文殊菩薩應命前往,還有許多菩薩率領弟子隨行。

文殊菩薩與維摩詰居士探討佛法，如聯珠貫玉，眾人聽了，無不如醉如迷。

當時在維摩詰的丈室中，有一位天女，看見了這種情景，便用天花紛紛拋向聽法者的身上。

美麗的花雨從天而降，構成了一幅絢麗的圖景。

說來也怪，當花瓣飄到諸菩薩的身上，紛紛滑落；而當花瓣飄到各位大弟子的身上時，便黏著在那裡。

各位大弟子見狀，運起神力，想讓花從身上落下。可不論他們怎麼用力，花瓣仍牢牢黏在身上，怎麼也甩不脫。

天女問舍利弗：「為什麼要將花去掉呢？」

舍利弗說：「這些花黏在身上，與佛教的戒律不符，所以想辦法把它抖落。」

天女說：「不要這樣說。花的本身並沒有符合不符合教義的區別，之所以認為它不符合教義，是因為你自己生起了分別想。你看大菩薩們，他們並沒有分別的觀念，所以花雨不沾衣。而你心中生起分別，產生了畏懼之情，這便是黏著啊。有了黏著的念頭，怎麼能去掉黏著的花呢？」

八風吹不動

《起信論》主張通過施、戒、忍、進、止觀五門發起大乘正信，其施門說「亦當忍於利衰毀譽稱譏苦樂」。

「八風」是使人心動搖的八種障礙物：利、衰、毀、譽、稱、譏、苦、樂。合己意或不合己意（利、衰），暗中毀謗或

讚譽（毀、譽），當面稱讚或譏嘲（稱、譏），身心的煩勞或快樂（苦、樂），這八種東西能煽動人心，所以叫「八風」。「八風」大體上可以分為淨穢二類。「八風吹不動」，即不為這八種障礙物所左右。

　　禪宗對「八風」的超越，是建立在般若空觀基礎上的不二法門式的超越。禪宗認為「八風」最能磨煉性情。《最上乘論》說：「五欲者，色、聲、香、味、觸，八風者，利、衰、毀、譽、稱、譏、苦、樂，此是行人磨煉佛性處。」

　　禪宗對「八風不動」的修行境界讚賞有加：「定者對境無心，八風不能動。八風者，利、衰、毀、譽、稱、譏、苦、樂，是名八風。若得如是定者，雖是凡夫，即入佛位。」（《頓悟入道要門論》卷上）「安耐毀譽，八風不動。」（《永嘉集》）「對五欲八風，不被見聞覺知所縛，不被諸境惑，自然具足神通妙用，是解脫人。」（《祖堂集》卷14）

　　在禪林中，有一則關於蘇軾自詡「八風吹不動」而被佛印了元禪師勘破的佚事。

　　佛印了元出生於書香門第之家，三歲時便能通讀《論語》及諸家之詩，五歲時能誦詩三千首，而且出口成章，眾人都稱之為神童。一天，他閒遊竹林寺，無意中看到一本《首楞嚴經》，一見如故，愛不釋手，遂決心出家。父母實在拗不過他，只好讓他出家，他便由俗家公子變成了後來的佛印了元和尚。他與大文豪蘇東坡交往很密切。

　　一天，蘇東坡寫了一首自認為很得意的詩偈：

稽首天中天，毫光照大千。

八風吹不動，端坐紫金蓮。

　　這首偈讚歎佛陀的定力，哪怕八風勁吹，佛陀也照樣不搖不動，端然穩坐在紫金蓮上。這既是對佛陀的定力的稱讚，也是蘇東坡對自己定力的評價。偈寫好後，東坡派小廝送給佛印，並一再叮囑小廝等候佛印的回信。不久，送偈的小廝回來了，只說偈已送給和尚，和尚看了後，說了聲「放屁」，就把偈子丟在地上了。

　　東坡聽了連罵小廝不中用，又說佛印和尚昏了頭，最後索性划船，親自去找佛印算帳。

　　東坡氣沖沖地去見佛印，老遠就嚷道：「剛才我呈偈請教，有什麼不妥，望明白開示！」

　　佛印笑著問：「學士真的是『八風吹不動』?」

　　東坡說：「當然，當然！」

　　佛印又問：「那怎麼一個『屁』就把你『吹』過江了呢?」

　　東坡不禁啞然失笑，說：「八風吹不動，一屁過江來！哈哈，又栽在你的手裡了！」

桔槔俯仰妨何事

　　據宋葉夢得《石林詩話》載，舊中書堂（宰相辦公處）壁有仁宗時宰相晏殊題的〈詠竿上伎詩〉：

　　百尺竿頭裊裊身，足騰跟掛駴旁人。
　　漢陰有叟君知否？抱甕區區亦未貧。

　　詩的後二句用《莊子》中的典故。《莊子・天地》中說，孔子弟子中最能說會道的子貢路過漢陰時，見一位老人在菜園子裡，挖地道到井中，抱著甕來取水灌園，用力雖多而收效小。子貢對他說：「你為什麼不使用桔槔這種汲水工具呢？使用這種機械，既省力，工作又快。」

　　老人回答說：「我聽我的老師說，使用機械的人一定會產生功利機巧的心思。我並不是不知道桔槔省力，但卻不願意用它。」

　　子貢聽後，很佩服老人的教示，自愧弗如。

　　王安石入相後，準備變法。一天，他同樞密使文彥博一道經過中書廳，走到題詩處，文彥博停下步來，慢慢吟誦題詩，故意給王安石聽，意在勸他弄巧不如守拙。安石明知其意，隔了幾天，在晏詩的後面題詩一首，作為回答：

　　賜也能言未識真，誤將心許漢陰人。
　　桔槔俯仰妨何事，抱甕區區老此身！

　　王安石對自己的純淨無染的心性完全自信：縱身物質文明的潮流而不受潮流的左右，運用機巧而不生機巧之心，這便是禪意的態度。

在當今機械主義浪潮席捲世界的情勢下，有很多人在運用機械的同時生起了種種機巧、貪詐之心。有的人感歎於此，而採取對機械完全否定、排斥的態度。而禪的態度則是既不排斥物質文明，又要在物質大流中保持純淨無染的本心。

毀譽不二

「毀譽」是八風中最具有代表性的一對。《維摩經·佛國品》：「毀譽不動如須彌，於善不善等以慈。」玄奘譯本作「八法不動如山王」。山王即是須彌山。八法即八風，面對八風的吹拂，像須彌山一樣屹立，絲毫不為所動，這是非常高深的境界。

禪宗基於般若空觀立場，倡導毀譽不二：「心與空相應，則譏毀讚譽，何憂何喜？身與空相應，則刀割香塗，何苦何樂？」（《永嘉集》）如果將心磨鍊到像虛空一樣，則面對譏毀不會憂心忡忡，面對讚譽不會受寵若驚。將身體磨煉到像虛空一樣，則刀割不覺苦，香塗不覺樂。永嘉大師在《證道歌》中說：「從他謗，任他非，把火燒天徒自疲。我聞恰似飲甘露，銷融頓入不思議。」別人的詆毀、誹謗，如同架火燒天。覺悟的禪者聽了這些，恰似啜飲甘露，以慈悲的心攝受這一切。

禪僧的實際行為，表現了毀譽不二的風範。

白隱禪師素來受到鄰里的稱頌，大家都說他是位純潔的聖者。

有一對夫婦，在他附近開了一家食品店，家裡有個漂亮

的女兒。不料，有一天夫婦倆發現女兒的肚子無緣無故地大了起來。這事使他們十分惱怒，便向女兒追問來由。女兒起初不肯招認那人是誰，但經一再苦逼之後，她終於說出了白隱的名字。

她的父母怒不可遏，立刻去找白隱理論，但這位大師至始至終只有一句話：「就是這樣嗎？」

孩子生下後，夫婦倆把他送給了白隱。

這時白隱名譽掃地，人人對他嗤之以鼻。但他並不介意，只是非常細心地照顧孩子。他四處行乞，為嬰兒求取所需的奶水和生活用品。

一年之後，這位沒有結婚的媽媽再也忍受不了內心的折磨，終於向父母吐露了真情，原來孩子的親生父親是一名青年。

女孩的父母立即將她帶到白隱那裡，向他道歉，請他原諒，並將孩子帶了回去。

白隱無話可說，他只是在交回孩子的時候輕聲問道：「就是這樣嗎？」

貧富不二

五臺山是文殊菩薩的道場。文殊菩薩有意考驗俗人的意志，常常顯現神通，變化無常，而每一次變化，又都向人間昭示一種真理，給人們帶來巨大的震撼。

有一年五臺山的大孚圖寺舉辦一年一度的齋會，無論賢

聖道俗，到這裡都可平等行財施和法施，因而又叫「無遮法會」。這年，參加齋會的人很多，寺中的僧人們忙得不可開交，有的忙著收點各種各樣的布施，有的忙著關照那些遠道而來的虔誠的信徒們。

這天早晨，大孚圖寺還沐浴在晨霧中，寺院眾僧已陸續起來，準備新一天的活動。這時來了一位衣衫襤褸的貧窮婦女，她背上背著嬰兒，手裡拉著一個幼孩，身後跟著一隻瘦犬。貧婦人顯出焦急的神色，說：「我還有急事，要到別處去，能否先給我齋食？」

寺主說：「行，佛主以普渡眾生為懷，施主有急事，理當照顧。請跟我來。」說完，領著貧婦人向齋堂走去。來到齋堂，寺主叫人給貧婦人三份齋飯，說：「你們母子三人就在這裡好好吃吧，吃完了好趕路。」

貧婦人說：「我的那條狗也是個生靈，佛主對所有生命都是平等的，請給牠也來份齋食。」

寺主聽了有些不高興，但又覺得她講得有道理，就又給了她一份，便想轉身離去。

沒想到貧婦人又說道：「我腹中又懷孕了，未出生的孩子也是生靈，也應該得到一份齋食啊！」

寺主終於按捺不住性子，呵斥道：「你這個貧婦人也太貪了！一個沒有出生的孩子，憑什麼要吃齋食呢？還是趕快自己吃完了走吧！」

貧婦人反問：「未出生的孩子難道就不是人嗎？」

說完，只見她騰空而起，現出了祥瑞的文殊菩薩的法相，那隻瘦犬變成了菩薩騎坐的獅子，那兩個孩子也變成了兩個童子。五色雲氣，彌漫在寺院的上空。文殊菩薩在空中唱起了偈語：

> 苦瓢連根苦，甜瓜徹蒂甜。
> 是吾超三界，卻被阿師嫌。

文殊菩薩唱完偈語，便隱沒不見了。寺院中的僧人和俗眾，見此情形，無不大驚，忙跪拜在地。寺主更是懊悔萬分，痛哭道：「我真是有眼無珠，不識真聖，還留下我這兩顆無用的魚目幹什麼呢？」說完就用手使勁地摳自己的眼珠。眾人苦苦勸阻，方才停手。

從此，這位寺主對來寺的俗眾，無論貧富，都一視同仁，再不敢有絲毫的偏心。

子生而母危

《菜根譚》：「子生而母危，鏹積而盜窺，何喜非憂也？貧可以節用，病可以保身，何憂非喜也？故達人當順逆一視，而欣戚兩忘。」

生小孩本是件喜事，但母親生育時，卻帶有很大的危險性，處在生死關頭。「鏹」指串錢用的繩子，「鏹積」指財產的意思。有了錢財，小偷就會窺伺，也就有被偷的憂慮。可

見高興的後面，緊跟著的是煩惱。相反，貧窮可以節省些開支，疾病雖然痛苦，但也可以使人學會保養身體的方法。可見值得憂慮的事也伴隨著歡樂。因此，心胸開闊的禪者，對悲與喜、順與逆、貧與富絕不偏頗，而是養成等量齊觀的態度，沒有了因順而生的高興和由逆而生的悲傷，身心就能得大自在。

也無風雨也無晴

　　蘇軾有一次半路遇雨，同行皆狼狽不堪，而他卻全然不在意。過了不久，天又放晴，蘇軾遂寫了一首〈定風波〉詞來抒情言志：

　　　　莫聽穿林打葉聲，何妨吟嘯且徐行？竹杖芒鞋輕勝馬，誰怕？一簑煙雨任平生。
　　　　料峭春風吹酒醒，微冷，山頭斜照卻相迎。回首向來蕭瑟處，歸去，也無風雨也無晴。

　　這首詞表達了作者忘懷得失的人生態度。風雨，喻指窮困、失意等；晴，喻指通達、得意等。《莊子·繕性》說，古代的人得志，並不是指高官厚祿，而是他的純樸之心無以復加而已；現在的人的得志，只是指高官厚祿罷了。但這高官厚祿並不是性命所固有的。外物偶然地降臨到我的身上，只是寄託一時。寄託在身上的東西，來時難以抗拒，去時也無

法挽留。所以不必為官位的顯達而洋洋得意，也不必因窮困而趨炎附勢。道行高尚的人對待軒冕與窮達一樣樂觀，所以無憂無慮。

《莊子》的這種態度，也正是後來禪宗的態度。禪宗認為，名譽、地位、財富常常會蒙蔽了裡面的那個真實的「我」。有了得失之心，就有了悲歡喜惡。要超越悲歡、喜惡、得失、窮達，隨緣即是福。一切相對的好惡、有無、貧富等，都是分別心。分別心使外界的一切都變成了我們的桎梏，心中執有分別心，便不能見到真實。涉及到相對的見解，都應加以揚棄，片刻也不讓它停留心中。只有把這些對立的觀念完全消除了，禪境與悟境才會出現。蘇軾的這句「也無風雨也無晴」，是中國歷史上不以窮通得失縈懷、瀟灑曠達的人生襟懷的範本。

蘇軾晚年歷盡政治風波，後來好不容易從邊遠地區回到京城，在翰林院供職。不久，好友王定國也從嶺南被召回京。兩人重聚，置酒痛飲。席間王定國讓歌女柔奴勸東坡酒。柔奴眉目娟麗，應對敏捷，東坡問她：「你家裡和人都在京城，你在嶺南呆了這麼多年，那裡風土不好，夠苦的吧？」

柔奴安然地答道：「此心安處，即是吾鄉。」

東坡心有所感，遂賦〈定風波〉詞一闋，下片云：

萬里歸來顏愈少，微笑，時時猶帶嶺梅香。試問嶺南應不好，卻道，此心安處是吾鄉。

　　「此心安處是吾鄉」也是蘇軾追求的任運隨緣的禪的境界。「心」一作「身」。宋吳曾《能改齋漫錄》指出白居易也有這種曠達飄逸的襟懷，如「身心安處即吾土，豈限長安與洛陽。」「我生本無鄉，心安是歸處。」「心泰身寧是歸處，故鄉可獨在長安?」「無論海角與天涯，大抵心安即是家。」凡此，都深得順逆不二、飄然無礙之禪髓。

循欲是苦，絕欲也是苦

　　這句話出自《菜根譚》。欲望永遠沒有止境，縱欲的程度與心理空虛的程度正好成正比例，所以說「循欲是苦」。但一般人如果完全禁絕情欲，也仍然沒有快樂可言。因為過度的壓抑會產生種種心理疾病，所以說「絕欲也是苦」。

　　循欲、絕欲是兩個極端，在兩者之中求一個中間值，善於把握分寸，隨時做到適中，這便是儒家的中庸智慧。而禪，則是中亦不立的。如果存有在兩點中間找一個等距位置的念頭，則它的本身又成為一個新的桎梏。只有順其自然，不凝滯於任何一個固定點，方能有白雲卷舒一任長風之妙。

　　禪並不反對人的欲望本身，而是主張把人的欲望放到人生的正當位置上，這樣才能超越享樂主義與禁欲主義，走出「循欲是苦、絕欲也是苦」的兩難處境。

生死不二

生死雙美

「生死不二」，表現為禪宗對「生死一如」、「煩惱與菩提」、「縛脫不二」的感悟。「菩提」、「解脫」之於「生」，正如「煩惱」、「束縛」之於「死」。

文殊菩薩考問庵提遮女：「生命的真諦是什麼？」

庵提遮女說：「生命的真諦就是不生。」

文殊菩薩又問：「死亡的真諦是什麼？」

庵提遮女說：「死亡的真諦就是不死。」

寒山子詩說：

> 欲識生死譬，且將冰水比。
> 水結即成冰，冰消返成水。
> 已死必應生，出生還復死。
> 冰水不相傷，生死還雙美。

此詩形象地表達了禪宗生死觀。生與死手足一體，正如水凍成冰，冰融成水。

二鼠侵藤

從前，有一名囚犯關在監牢裡。他犯了滔天大罪，被判了死刑，不久就要執行。

面對死亡，他十分恐懼，想方設法越獄逃跑。當時該國的法律法定，凡是死囚逃獄者，任由瘋狂的大象踏死。

國王得知他越獄逃跑的消息，立刻放出狂怒的象去追殺。死囚正行走在空曠的荒野，突然從草叢中奔出一隻野象，發狂地追逐過來。死囚大驚，拔腿逃命。危急中，逃到一個荒廢的村落，看見了一口乾涸的空井，井旁有一棵老枯樹，死囚忙抓住脆弱的樹藤垂入井中，躲過了狂象的追逐。

死囚鬆了一口氣，抬眼四望，大吃一驚，只見井壁四角各盤踞著一條毒蛇，吐出長長的毒信，順著枯藤爬了過來。死囚盡力往井底下逃，逃避毒蛇的毒霧，一低頭，又嚇得差點昏厥過去。原來井底蜷臥著一條青色毒龍，睜大著一雙血紅的眼睛，忽閃忽閃地瞪視著他。

上有狂象，旁有毒蛇，下有毒龍。死囚向上攀爬不成，朝下降落不得，只好緊緊抓住枯藤，懸蕩在空中，上下搖擺，極其危險。

這時，忽見一白一黑兩隻老鼠，津津有味地啃噬著死囚賴以活命的樹藤，不啻雪上加霜。他心亂如麻，進退兩難，深深地體會到世事的無常。

而就在井邊，聳立著一棵大樹，枝葉茂密，遮蔽著藍天。樹上不時有甘露般的甜蜜滴下。死囚抓住枯藤抬頭仰望時，

一滴甜蜜恰巧落進他的嘴裡。

他身處危險的井中，抓著枯藤，危在旦夕，突然發覺了樹上滴落下來的甜蜜，頓時忘卻狂象、毒蛇、惡龍、黑白二鼠的威脅，忘情地揪住枯藤搖來蕩去，張大嘴巴，承接著誘人的甜蜜。

佛陀在這則故事中，以牢獄譬喻三界，死囚譬喻眾生，瘋象喻無常，毒龍喻地獄，四條毒蛇譬地、水、火、風四大，枯繩譬喻人命，黑白二鼠譬喻日月。

黑白二鼠般的日月齧食世人的性命，人的生命日日減損。死囚般的眾生，卻執著甜蜜的人間欲樂，面對無常的痛苦，反而不知不覺，習以為常了。

禪錄中以「二鼠侵藤時如何」作為話頭參究，對這則經文進行了富有禪意的體證。

生命日夜飛逝，無常悄然而至，對此，參禪者對此應採取什麼樣的態度？《景德傳燈錄》卷17的一則公案回答了這個問題。

僧問：「前面是萬丈洪崖，後面是虎狼獅子。在這個緊急關頭，應當怎樣做？」

禪師說：「自在！」

這樣的「自在」，已經不是對五欲之樂的貪著，而是對無常的禪意的超越。

今宵酒醒何處

　　法明禪師臨終時引柳永詞作別:「今宵酒醒何處,楊柳岸曉風殘月。」(《五燈會元》卷16)子儀禪師在回答死後去處時說:「子今欲識吾歸處,東南西北柳成絲。」(同上,卷8)絲絲楊柳,娟娟明月,潺潺流水,習習清風,無不是宇宙法性的顯現,個體以死亡的形式與宇宙同化。《景德傳燈錄》卷20智暉臨終示偈:

　　　　我有一間舍,父母為修蓋。
　　　　住來八十年,近來有損壞。
　　　　早擬移住處,事涉有憎愛。
　　　　待他摧毀時,彼此無相礙。

　　詩意謂人的身體如同一間房舍,由父母修蓋而成。自己在其中住了八十餘年,房屋老化(身體已衰老),本想換個新的住處(採取某種方式避免死亡),可這犯了有所憎愛(愛生憎死)的大忌,不如任其自然,待房屋倒塌(肉體生命自然完結),自己和這房舍遂兩不相妨。成壞是自然法則,如果愛生憎死,就有悖於禪悟之道了。

勞生息死

　　洞山禪師是曹洞宗的開山祖師,他對生死看得很開。當他知道自己遠行的日子已到,便命人為他剃髮披衣,撞擊起

寺院的大鐘，安然坐化。僧眾放聲號哭，一直哭了好大時辰。洞山忽然睜開眼睛從座位上站起身來說：

「出家的人，心裡不要為虛幻的外物所牽制，這才是真正的修行。生時操勞，死為休息，為什麼要悲傷哭泣？」

於是洞山命主事僧辦愚癡齋，以責罰大眾的不能忘情。洞山和他們一起齋戒，七天之後，叮嚀大眾說：「這一次絕不要哭死哭活了。」

次日沐浴後，洞山端端正正地坐著，再也沒有起來。

「勞生息死」是化用《莊子》語意。《莊子·大宗師》說：「大塊載我以形，勞我以生，息我以死，故善吾生者，乃所以善吾死也。」大意是：大自然賦予形體來使我有所寄託，賦予生命來使我疲勞，賦予暮年來使我清閒，賦予死亡來使我安息。所以以我生為樂事的人，也自然以我的死為樂事。同篇還記載了一則故事：子桑戶、孟子反、子琴張三人為莫逆之友，子桑戶死時，他的兩個朋友一個編曲，一個鼓琴而歌：「啊，子桑戶啊，你已返歸大道，而我們還不得已為『人』啊！」

莊子還認為，子桑戶之死，意味著與造物為友，而遨遊於浩無際涯的天地之氣中。生對他是可惡的負擔，一似長在身上的千日毒瘡；而死亡，則是負擔的徹底解卸，猶如毒瘡的破而膿流。

莊子的生死觀對禪宗有著巨大的影響。禪宗既不逃避死亡，視死如歸；同時也熱愛生命，不否認生命本身的意義、

價值。洞山臨終引莊子的話，只是為了矯正弟子們對死亡的恐懼觀念，並不等於贊同莊子對生之厭棄的態度。

日面佛，月面佛

　　禪者對死亡樂觀曠達，任運自然。馬祖道一禪師身體不適，僧人探問病情，馬祖說：「日面佛，月面佛。」《禪宗頌古聯珠通集》卷9禪僧頌云：

> 東街柳色拖煙翠，西巷桃華相映紅。
> 左顧右盼看不足，一時分付與春風。
>
> 朱砂鏡裡開顏笑，白玉盤中展腳眠。
> 大抵人生難得共，得團圓處且團圓。

　　「日面」是紅通通的朱砂鏡，「月面」是晶亮亮的白玉盤。天地呈現出氤氳化機，置身其中，抒情的主體（既是馬祖，亦是頌古的創作者）左顧右盼，流連不已。雖然此景此身皆難得，但他並不是落寞哀怨，而是「開顏笑」、展腳眠，分分秒秒安詳自在，既沒有感歎個體生命的脆弱，也沒有悲傷自然生命的短促，而只是全身心地融入眼前的景致，欣賞它的生機和美麗，以自然之眼觀自然之景，將天然圖畫分付春風，使生命境界昇華到光風霽月的澄明之境。一旦感悟了「日面」、「月面」，則生命的分分秒秒都充滿了情趣。這就是禪宗對生

死的詩意感悟。

　　生命現象的遷謝，是「雲散水流天地靜，籬間黃菊正爭春」，是「雨散雲收後，崔嵬數十峰」，是「死生生死元無際，月上青山玉一團」。個體生命雖有遷謝，自性卻清湛澄明，玲瓏亮麗。只要把握現境，隨處作主，就可以出離生死，「青山元不動，浮雲任去來」，時時自在，處處安詳，「日面」「月面」，打成一片。《禪宗頌古聯珠通集》卷7、卷30頌云：

　　　　雲開空自闊，葉落即歸根。
　　　　回首煙波裡，漁歌過遠村。

　　　　寒月依依上遠峰，平湖萬頃練光封。
　　　　漁歌驚起沙洲鷺，飛入蘆花不見蹤。

　　慧能臨終告誡門人，有「歸根得旨」之語；僧問二鼠侵藤時如何，龍牙曰：「還見儂家麼？」這兩首詩就是分別吟詠歸根得旨、二鼠侵藤公案。二鼠侵藤，喻日月交煎，生死到來。前詩以浮雲散盡天澄碧，葉落隨風歸故根，象徵生命的圓成。更以煙波浩渺、漁歌搖曳的境象，渲染出歸寂之際的灑脫安詳，無拘飄逸。後詩以月色湖光交相輝映的澄明景致，象徵纖塵不染的生命原真態。鷺宿沙洲，喻禪者生活境界的純淨。白鷺被漁歌驚起，飛入蘆花，喻生命自然遷謝之際，個體自性與宇宙法性圓融一體，現象與本體妙合無垠。詩中

皎月、練光、白鷺、蘆花，彙成了徹天徹地的澄明，洋溢著活潑生機，生動地傳達了禪宗對生命深邃通脫的感悟。

煩惱即菩提

　　斷絕世間煩惱而成就涅槃智慧就是菩提。菩提的證得，須經歷無數的煩惱。煩惱愈重，轉化的動力也愈大。波平靜後即成水，煩惱解除後即成佛。正因為有生死煩惱，佛法才應運而生。

　　維摩詰居士在街上幫助行人，在學堂誘導兒童，甚至到妓館、酒店和賭場中，就是要宣講貪欲的危害，使誤入歧途的人重新樹立正當的生活信念，在煩惱中證成覺悟。

　　向居士致書慧可談修行體驗說：「影由形起，響逐聲來。棄影勞形，不識形為影本；揚聲止響，不知聲是響根。除煩惱而趣涅槃，喻去形而覓影；離眾生而求佛果，喻覓聲而尋響。」（《景德傳燈錄》卷3）棄影勞形用《莊子‧漁父》典：有人畏懼影子，憎惡腳跡，想擺脫它而狂奔，跑得愈遠則腳跡愈多，跑得愈快則影隨愈緊。他以為速度還不夠快，飛跑不停，終致力盡氣絕而死。殊不知到了陰暗的地方影子自然消失，靜止下來腳跡自然沒有。棄影勞形，愚昧之至。煩惱如形體，覺悟如影子。在人生之旅中，煩惱與覺悟形影不離。只要消泯相對，則所至之處，皆是清涼勝境。

　　波平靜後即成水，煩惱解除後即成佛。菩提煩惱在本質上是一樣的。「泥多佛大」、「通身是病通身藥」、「地肥茄大」

之類的禪語，表達的是和本題同樣的意趣。

火中蓮

《維摩經‧佛道品》：

> 火中生蓮花，是可謂希有。
> 在欲而行禪，希有亦如是。

世間的貪欲、嗔恨和愚癡等種種煩惱如「火」，皎潔晶瑩的覺悟之心則是「蓮花」。蓮花不生於高原陸地，而生於卑濕之處，出淤泥而不染，因此常作為清純本心的象徵。從世間煩惱中獲得解脫，就是「火中生蓮花」，這體現了《維摩經》「一切煩惱皆是佛種」思想。

《圓悟錄》卷14：「在家菩薩修出家行，如火中出蓮。蓋名位權勢意氣卒難調伏，而況火宅煩擾煎熬，百端千緒。」「火中蓮」以喻象的新奇獨特，而成為禪僧詩客的熟典，如永嘉玄覺《證道歌》：「在欲行禪知見力，火中生蓮終不壞。」

無常即佛性

無常與佛性似乎是一對截然相反的範疇，但如果以般若空觀不二法門來看，則煩惱的當體即是菩提。

志徹讀《涅槃經》，不知無常之義，請教慧能。慧能說：「無常，就是佛性！」（《景德傳燈錄》卷5）

　　佛教的任務就是讓人從無常中解脫出來，通過實現佛性而進入涅槃。慧能指出，真正的涅槃無非就是對無常的如實認識。只有把自己從超越無常的涅槃中也解脫出來，從涅槃完全復歸到無常世界，並生活在無常世界的痛苦中間，才能證得真正的涅槃。這樣的涅槃才不是與無常相對立、和無常聯繫在一起並受制於無常的涅槃，而是超越了無常和常的涅槃。

滅卻心頭火自涼

　　不二法門將紅塵熱惱與世外清涼打成一片。禪宗指出，炎熱之時，不必去山水清涼地，而要「向鑊湯爐炭裡迴避」，因為那裡「眾苦不能到」（《景德傳燈錄》卷13）。在酷暑時到鑊湯爐炭裡躲藏，與熱惱徹底同化，即可證成對熱惱的覺悟。白居易〈苦熱題恒寂師影堂〉：「人人避暑走如狂，獨有禪師不出房。可是禪房無熱到？但能心靜即身涼。」也善於抉發此義。杜荀鶴〈夏日題悟空上人院〉云：

　　　三伏閉門披一衲，兼無松竹蔭房廊。
　　　安禪未必須山水，滅卻心頭火自涼。

　　在一年最熱的三伏天，禪師閉門披衲，在沒有松竹蔭蔽的房子裡參禪，卻清爽涼快。可見參禪並不一定要到寧靜蔭涼處，只要「滅卻心頭」，身體的涼爽就不在話下。

「滅卻心頭」即是將相對觀念滅去。「火」指世俗的煩惱。逃避煩惱並不能解決問題，只有深入煩惱中，才能證成對煩惱的覺悟。苦樂是心理現象，將苦樂的對立化解了，心理就會祥和。

當學人問洞山：「怎樣才能躲避煩惱呢？」

洞山說：「那就到熱炭爐裡去吧。」

日本織田信長的軍隊火燒惠林寺時，快川國師（一八五二年歿）在寺樓上吟誦了「安禪未必須山水，滅卻心頭火自涼」，隨後投身火海，使它成了至理名言。在中國禪宗的經典公案集《碧巖錄》中，這兩句話也經常被引用。

指月不二

無言童子，妙得不言之妙

裴休相公有一次在法會上問看經僧：「你看的是什麼經？」

僧人說：「《無言童子經》。」

裴休問：「這部經有幾卷？」

看經僧說：「兩卷。」

裴休說：「既然是無言，為什麼還有兩卷經？」

看經僧啞口無言。

後來有位禪師聽了這則公案，代看經僧回答說：「如果是無言，豈止是兩卷！」（《景德傳燈錄》卷21）

　　《大集經》卷12說，無言童子本是王舍城中師子將軍之子，生時稟受神諭應慎言少語，以為將來宣示佛法作準備。無言長大了，喜歡默默地聽人宣講佛法。後來無言隨父母禮見佛陀，佛的弟子舍利弗問佛陀：「這位童子一言不發，是不是作了什麼惡業，而喪失了說話的功能？」

　　佛陀說：「你不能這麼說。他其實是一位大菩薩！」

　　這時，但見無言童子低頭合掌，口稱皈依佛陀，並且躍上虛空，宣講佛法。

　　南朝梁武帝《金剛經懺文》：「無言童子，妙得不言之妙；不說菩薩，深見無說之深。」

　　禪宗認為語言文字有很大的局限性，僅憑語言文字是不能圓滿地領悟真理的，因為真理是「不可思議」，它存在於用語言文字去表達之前。因此，為了避免「口是禍門」的語言的危險，禪師在回答學人時往往說：「叮嚀損君德，無言最有功。任從滄海變，終不為君通！」（《古尊宿語錄》卷40）

指月不二

　　佛教用「指」比喻語言文字，用「月」喻佛法真諦。

　　《楞嚴經》卷2：「如人以手，指月示人。彼人因指，當應看月。若復觀指以為月體，此人豈唯亡失月輪，亦亡其指。何以故？以所標指為明月故。」運用語言宣說佛法，如同用手指指月亮。手指是語言，月亮是真理。癡迷的人，卻把手指當成了月亮的本身，豈非大謬不然。明代瞿汝稷曾搜集了大

量禪宗的公案、語錄，彙編成巨著《指月錄》，至今仍是瞭解禪風禪法的重要參考書。

《楞伽經》卷4說：「如愚見指月，觀指不觀月；計著名字者，不見我真實。」愚人只看到指頭，而看不到月亮。執著於語言文字的人，怎能看到真理的本身?《大慧語錄》二十說：「古人云：『見月休觀指，歸家罷問程。』……歸到家了，自然不問途程；見真月了，自然不看指頭矣。」

但禪宗富有創造性地提出了「指月不二」的命題，使它成為富有禪門特色的語言觀。禪宗指出，超越了指月的分別，獨特的語言表達形式，同樣可以傳達出禪的至深至妙之境。語言有時不但是工具，而且本身也可以獲得本體的意義。

羚羊掛角

為了對治學人執著語言的迷失，禪師在說法時使用玲瓏剔透、不落痕跡的語言，這就是羚羊掛角：

「我如果說東道西，你們就會尋言逐句。我如果羚羊掛角，你們還向什麼地方摸索?」(《景德傳燈錄》卷16)

傳說羚羊晚上睡覺時，將兩隻角掛在樹上，足不著地，這樣一來，縱是嗅覺靈敏的獵狗也找不著它的蹤跡了。

羚羊掛角的妙喻，被宋代的嚴羽用來評論詩歌中含蓄有韻味的作品。他推崇盛唐王維、孟浩然等人的作品，說它們「羚羊掛角，無跡可求」，以境象玲瓏、言近旨遠作為詩中極品。

「羚羊掛角」的句子就是活句，即超出邏輯思維、意路不通、無意味的語句。禪宗將能通過邏輯思維來理解的語句稱為死句。禪宗主張參活句而不要參死句。對微妙精深的道理只可意會，不可言傳，一旦用語言文字來表示，就失去了原來的意義了。參活句而開悟，才有真正的受用。

釋迦掩室，淨名杜口

《肇論‧涅槃無名論》：「釋迦掩室於摩竭，淨名杜口於毗耶。須菩提倡無說以顯道，釋梵絕聽而雨華。斯皆理為神禦，故口以之而默，豈曰無辯？辯所不能言也。」

佛陀在摩竭陀國說法，眾生不肯奉行，佛陀遂於石室中坐禪三月，不使一切人天入室（《諸佛集要經》上）。

淨名杜口，即維摩默然。《維摩經》中，三十二位菩薩各自解說什麼是不二法門，後來文殊師利問維摩詰什麼是不二法門，維摩詰默然無言，文殊師利遂讚歎他真正得不二法門的三昧。

須菩提有一次在岩室中禪坐，帝釋天稱讚他善說般若，散花供養。須菩提說：「我並沒有講過什麼，怎麼說我善說般若？」帝釋天說：「尊者無說，我亦無聞。無說無聞，是真般若。」於是天旋地轉，花雨飄落得更多。

禪不可說，語言文字皆空，故釋迦掩室，淨名杜口。須菩提岩室坐禪，帝釋天雨花讚歎。

真如自性超絕思量，可以用言說來表達的早已成了概念

化、對象化的東西，而不再是禪。《景德傳燈錄》卷12記載了
這樣一則故事：

僧問：「除去上下之類的相對概念，請師父開示禪法。」

大悲禪師說：「我一開口就錯了。」

學僧聽了，高興地讚歎道：「您真是我的好老師。」

大悲說：「今日我敗在弟子手裡了！」

「上下」是相對的認識方法，一開口即落入相對，所以
大悲指出開口即錯。可當他說出「開口即錯」這句話時，他
也就錯了，他並沒有除去「上下」。學人立即抓住把柄，明揚
實抑，大悲只得承認落了下風。在禪宗看來，「口是禍之門，
舌是斬身斧」。真如非語言文字所能表達，一落語言即違背了
真如大全，這時最好的辦法自然是杜口。

雖然掩室杜口成為禪宗內證忘言的範式，但切不可拘泥
於此，否則它又成了新的思量概念。為避免執著，禪宗隨說
隨掃，對它予以鏟除：「釋迦掩室，過犯彌天。毗耶杜詞，自
救不了。」（《五燈會元》卷18）

色空不二

真空妙有

《心經》：「色即是空，空即是色。受想行識，亦復如是。」
不論物質現象（相當於色）還是精神現象（受想行識），均屬

因緣所生法，無固定不變的自性，本質是空。如果以為實有自性，即是虛妄分別。

　　現代物理學從科學的角度達到了同樣的認識。愛因斯坦指出，質量和能量是可以互換的。能量大量集中的地方就是物體，能量少量集中的地方就成為場。所以物質和「場的空間」並非完全不同，而是相同的東西，只不過是以另一種形態顯現而已。量子場論證明，場無時不存在，無處不具有，它永遠無法去除，是一切物質現象的載體。虛粒子能從虛空中自行產生，然後又消失在虛空之中。虛粒子與虛空本質上是動態關係，虛空是「有生命的空」，是無休止地產生和湮沒的節奏脈動的「空」。

　　色與空不可截然分開，正如「物質」與「場的空間」不可隔絕分離一樣。偏執於色，容易流為實用主義；偏色的意識消除了，又可能陷入偏空的執著，容易成為虛無主義。

古冢不為家

　　僧問大梅禪師：「什麼是祖師西來意？」

　　大梅回答說：「西來無意。」

　　後來齊安禪師聽了，批評說：「一個棺材，兩個死漢。」

　　齊安之所以批評他們，是因為他們沈溺於斷滅空。

　　僧問百嚴禪師：「什麼是禪？」

　　禪師說：「古冢不為家。」

　　「古冢」是生命的沈寂，而「家」是生機的躍動。斷滅

與生機並不相容。

　　禪宗只承認水月鏡花般的幻有空、真空，而不承認龜毛兔角式的斷滅空。在佛法中，色與空是同一個意義的詞，故不可偏執於任何一方。

　　《信心銘》謂：「遣有沒有，從空背空。」當起心排遣有時，就因執著於有而被有的謬執所埋沒；當起心趣向空時，空已成了概念，不再是空。把空變成名相，空不但不空，反而比有更容易使人起執。只要把空當作與有相對立的另一概念，它就與有聯繫在一起，從而不再是真空了。

活卻從前死路頭，死卻從前活路頭

　　香嚴禪師對僧眾說：

　　「有一個人爬到樹上，用嘴咬著樹枝，這時有人問他什麼是佛法最精的大義。他如果不回答，便是無視問者之意；他如果回答，又會摔死。你們說，這個人怎樣才能從困境中擺脫出來？」

　　當時有位招上座應聲而答：「我不問他在樹上怎麼辦，我要問，他沒上樹前是怎樣的？」

　　香嚴呵呵大笑，予以印可。

　　對此，慧開《無門關》評道：「到了這個境地，縱有懸河的辯才，也一點用不上；縱使可以解說整部的大藏經，也一點用不上。如果在這裡說得出一句符合佛法的話來，就能活卻從前死路頭，死卻從前活路頭。」

　　什麼是「死卻從前活路頭」？上樹之人，說也不是，不說也不是，言默兩喪，反映了禪宗注重內心體驗的悟境。「未上樹時」即為溈山問香嚴時的「父母未生時」，這時不存在作為「生死根本」的「意解識想」，他從前所學的一切佛學知識皆屬多餘，正如見月忘指，一旦窺見了真理，那隻用來指示真理的指頭對你就沒有用處了。這叫「死卻從前活路頭」。

　　什麼是「活卻從前死路頭」？一切眾生都有佛性，只是被妄想遮住了，成為「死路頭」。撥開妄念的浮雲，以見到智慧之日，使埋藏在煩惱之下的純真人性得以顯現，這便是參禪的目的，也就是「活卻從前死路頭」。

　　香嚴還將這種禪悟心態喻為「枯木裡龍吟」、「骷髏裡眼睛」：在妄想熄滅時，真實的本心就能顯示其活潑的妙用了。

枯木龍吟

　　「枯木龍吟」是禪宗對本心顯發妙用的生動象徵。

　　僧問香嚴：「什麼是禪法的真諦？」

　　香嚴說：「枯木裡龍吟。」

　　見僧人不解，香嚴又補充一句：「骷髏裡眼睛。」

　　「枯木裡龍吟」象徵滅絕一切妄想，至大死一番處，再蘇生過來，而得大自在。「骷髏裡眼睛」，同樣象徵死中得活。在禪宗看來，絕對的真理不是分別智所能掌握的。只有像骷髏那樣，斷除情識分別，才能獲得新的生命。

　　「大死的人」才能夠大活。滅除妄念，將相對的知識徹

底拋棄，才能導致般若智慧的覺醒。修行到了枯木、骷髏的地步，即是妄念滅盡，與此同時，「骷髏無喜識，枯木有龍吟」的活潑生機才得以呈顯。

石女生兒，露柱懷胎

禪宗常以「石女生兒」、「露柱懷胎」象徵真性復活的妙用。

《維摩經‧觀眾生品》用石女生兒比喻不存在的東西，如同龜毛兔角。《大涅槃經》卷25也說：「譬如石女，本無子相。雖加功力，無量因緣，子不可得。」石女是不具備生育功能的女子，在古代，對這樣的女子，不論做什麼努力，都不可能生出兒子來。禪宗運用此語，則進行了創造性的闡釋。

芙蓉道楷禪師有「石女夜生兒」之語（《五燈會元》卷14）。道楷是借用「石女」來象徵沒有任何區別的自性。曹洞宗借黑顯正，「夜」也是本源狀態的象徵，「生兒」象徵出自無差別本源的森羅萬象。「石女」是不思善不思惡的本源性狀態，「生兒」則是森羅萬象的生機活趣：

僧問：「混沌未分時含生何來？」

靈雲志勤禪師說：「如露柱懷胎。」

「混沌未分」時無差別可言，「露柱懷胎」則象徵出自無差別的萬有。

山花開似錦，澗水湛如藍

　　僧問大龍：「色身敗壞，如何是堅固法身？」

　　禪師答：「山花開似錦，澗水湛如藍。」

　　山上的花，不停地凋謝，也不停地開放，美得像錦緞似的；看似靜止的溪水，儘管事實上在流動，但溪面卻永遠不變。

　　將山花澗水看作堅固法身，必須具備一雙中道的慧眼。中道，是脫離兩邊的不偏不倚的觀點、方法。古印度大乘佛教中觀學派和中國三論宗都主張「八不」中道。龍樹《中論·觀因緣品》：「不生亦不滅，不常亦不斷，不一亦不異，不來亦不去。」意為宇宙萬法，皆由因緣聚散而有生滅斷常等現象發生，實則無生無滅。若認為有生有滅，則偏頗一邊。離此兩邊，說不生不滅，即為中道。

　　在本則公案中，大龍的答話，指出雖然有形的東西一定會消失，不變的真理卻不在別處，而是在這不停的消失之中。僧人把短暫的色身和永恒的法身看成兩截，大龍的回答，則顯示色身之外，別無法身，以山花澗水的當體就是實相，來象徵五蘊假和合之身即是金剛不壞的法身。

　　山花似錦，澗水如藍，不遷變的法身，體現在遷變的山花澗水之上，這正是向「萬木遷變處」識取「常住不凋性」的禪悟體驗。此時，現實、現象、個別、短暫與理想、本體、普遍、永恒的對峙遂得以消除。真正的「堅固」，是超乎與短暫對峙之堅固的堅固。

切忌寒灰煨殺人

　　禪悟是空明的心境，並不是枯木寒灰式的空。「枯木禪」之所以遭到呵斥，就在於能死而不能活。禪宗認為，滅盡妄念之後，尚須顯示真心的妙用，否則便沉滯於枯寂。

　　「莫向白雲深處坐，切忌寒灰煨殺人。」（《古尊宿語錄》卷8）要體證佛教的空，必須防止成為枯木寒灰的空。縱是在白雲深處打坐，心如寒灰，這寒灰也照樣能把人給煨死。

　　「煨」的本意是把東西埋在熱灰堆裡烤熟，寒灰煨人，意指坐禪而僅至於心如寒灰，是走入了旁門左道。因為真空是枯木生花、春意盎然的生命律動，是定雲止水中鳶飛魚躍的氣象。

枯木禪

　　從前，有位老太婆建了一座茅庵，供養一位和尚修行。

　　多年來，她常令一名妙齡少女噓寒問暖，送衣端飯。後來有一天，她決定試試這個和尚的修行究竟怎樣。

　　她吩咐那個女子送飯時抱住和尚問：「當這個時候感覺怎樣？」

　　女子遵照老太婆的指示去做，和尚嚇得戰戰兢兢，說：「枯木倚寒岩，三冬無暖意！」

　　女子回來，將情形如實稟報。老太婆聽了生氣地說道：「看來，我白白供養了他二十年！他對你的需要竟如此漠不關心，不聞不問。他雖不必表示熱情，但至少也得表示同情！」

於是，老太婆一氣之下，放了一把火燒了茅庵，把這個和尚趕走了。

和尚修行到枯木石頭、寒灰死火的地步，無情無欲，婆子仍稱他為俗漢，就是因為那和尚能「死」而不能「活」。滅盡妄念之後，尚須顯示真心的妙用，否則便陷於枯寂了。

死水不藏龍

《大智度論》卷12：「如兔角龜毛，亦但有名而無實。」龜沒有毛，兔沒有角，龜毛兔角喻不存在的東西、不可能的事情，即空。但禪的空不是什麼都沒有的頑空，而是真空，正如禪的有不是實有而是妙有一樣。真空即妙有。如果一味沉溺於空，則墜入死水。

死水即腐水，禪宗以喻斷滅空、頑空。禪宗常說：「死水裡不會有蛟龍蟄藏。如果是真正的活的龍，它一定會到洪波浩渺白浪滔天的地方去遨遊。」正是在這個意義上，禪宗譏諷落於空無、昏昧無所見的禪者為「守古冢鬼」、「死水裡浸卻」、「山鬼窟裡作活計」。

捉虛空

佛教中「空」的意思是虛幻不實，緣起而無自性，並不否定存在的種種假相。執空而否定假相，就落入頑空的邪見。所以法演禪師特別提醒：「既要成於〇，又須防於〇。」前一個〇，是生機洋溢的澄明心境；後一個〇，則是枯木寒灰的

頑空，乃參禪大忌。

　　頑空能窒息人的生命，妨礙真性發揮出活潑的妙用，因此禪師提醒學人：「莫守寒岩異草青，坐卻白雲宗不妙。」（《五燈會元》卷14）

　　石鞏勘問西堂：「怎樣才能捉住虛空？」

　　西堂用手撮摩虛空。

　　石鞏說：「這樣做並不能捉住虛空。」

　　西堂問：「那麼應該怎樣做才對？」

　　石鞏立即用勁揪住西堂的鼻子，西堂痛得大叫。

　　石鞏說：「必須這樣捉虛空才行！」

　　雖然「色」（物質現象）即是「空」，但如果偏於「空」，就會流於虛無主義。因此，還必須有「空即是色」的轉身一路，認識到沒有實體的空即是物質現象的色，這才是「真空不壞有，真空不異色」。

　　在本則禪語中，西堂捉住的僅僅是枯木死灰般的頑空、斷滅空，而石鞏捉住的則是真空、妙有。禪宗的機用，正在於把握生命中活潑的實在。

聖凡一如

　　證入不二法門，臻於了悟的聖境，是很多參禪者追求的目標。法融入牛頭山幽棲寺北岩石室，坐禪之時，有百鳥銜花之異。後來參見四祖，證得聖凡一如之境後，百鳥不再銜花。這則公案，成為禪林最熱衷參究的話頭之一，《頌古聯珠

通集》卷8〈張無盡頌〉云：

　　花落花開百鳥悲，庵前物是主人非。
　　桃源咫尺無尋處，一棹漁簑寂寞歸。

　　法融獨自居住在牛頭山修習禪定的時候，已經忘卻機心，
忘卻物我，忘機到不知有鳥，更不知鳥是我、我是鳥的程度，
所以才有百鳥銜花的異事。法融泯機心，忘物我，這是一種
高深的定境，是徹底的空境。百鳥銜花，也正是由於他所呈
露的聖境。但法融還有一個了悟之心沒有忘卻，還僅僅是住
於與有相對的空境，而沒有達到超出空有的空境，還有聖執
法執，因此才有百鳥銜花的祥瑞。

　　牛頭見四祖前，高居聖境；參見四祖之後，從聖境復歸
於平常之境，泯絕萬緣，百鳥不再銜花供養，因此天童覺說
「懶融得到平常地，百鳥銜花無處尋」（《禪宗頌古聯珠通集》
卷8）。法融到此境界，已與常人無異，故百鳥縱使銜花也莫
尋其蹤。

　　張無盡的詩以桃源漁郎立意。從前銜花的百鳥，見花落
花開而悲鳴哀啼，是因為庵前景物依然，而主人已不再是昔
日的主人，他的境界與以前完全不一樣，百鳥無從尋覓。詩
意謂對法融凡聖俱泯的境界，不但百鳥無從尋覓，即便是後
世禪人，也無從尋覓。因為這境界可遇不可求，後世禪人只
能像漁郎那樣，徒然看著落花隨水，卻無法再度進入桃源。

一色邊事

石霜禪師遷化時，眾人請首座擔任住持，當時作侍者的道虔說：「必須說出一句話，表明自己能夠明白先師意旨，才可以接任住持。先師曾說：『休去，歇去，冷湫湫地去，一念萬年去，寒灰枯木去，古廟香爐去，一條白練去。』別的暫且不問，什麼是『一條白練去』?」

首座說：「這還不簡單？這只是說明『一色邊事』。」

道虔說：「你並沒有明白先師的意旨。」

首座說：「你們且先點上一枝香來。這支香斷完了的時候，如果我還去不得，就是不理解先師意。」

眾人依言焚香，香煙還沒有斷，首座就已經坐化了。

道虔拊著首座的背說：「你縱然能夠坐脫立亡，但先師的意旨確實沒有夢到過，仍然沒有領會『一條白練去』的含義。」（《五燈會元》卷6）

《禪宗頌古聯珠通集》卷27慈受深禪師頌此公案說：

本分漁人一釣舟，千波萬浪裡遨遊。
兒孫不慣風濤惡，走入蘆花不轉頭。

首座所說的「一色邊事」，指棄卻一切污穢的清淨境界。殊不知真正的「一色」，是超越差別與相對觀念的平等世界。石霜以「千波萬浪裡遨遊」為一色邊事，這樣的「一色」超出了思量分別，生機遠出。而首座住於「一色」，已非「一色」，

即便化去，也不過是走入「一色」的蘆花，不解「轉頭」而出。

前三三後三三

　　無著文喜是仰山慧寂的弟子。他遊五臺山時，行到中途荒僻的地方，文殊菩薩為他化成一寺，文殊自己則化作了一位老者。

　　老者問：「從什麼地方來？」

　　「南方。」

　　老者問：「南方佛法，情況怎樣？」

　　「末法時代的和尚，很少有能夠恪守戒律的啊。」

　　老者又問：「有多少人呢？」

　　「或三百，或五百。這裡的佛法情況怎樣？」

　　老者答：「凡聖同居，魚龍混雜。」

　　「有多少人呢？」

　　老者答：「前三三，後三三。」

　　後來吃茶時，文殊舉起玻璃杯子，問無著：「南方還有這個嗎？」

　　「沒有。」

　　「那麼平常用什麼吃飯？」

　　無著無語，只得辭去。老者令童子相送。無著問童子：「剛才那前三三，後三三，到底是多少？」

　　童子喊：「大德！」

無著應了一聲。

童子便問：「是多少?」

無著又問此是何寺，童子手指了指後面。

無著回頭一看，寺和童子都沒有了，只是空谷一片，這時他才知道是文殊顯聖。此處後來叫做金剛窟。

對「前三三，後三三」的意旨，禪林測度者很多，但誰也沒有說出個所以然來。如果參透了「前三三後三三」的意旨，就能夠腳踏實地，受用自在。

前後三三所表現的，正是斷絕一切思量的境界。前三三後三三，象徵前後際斷。時間由過、現、未架構而成。但過現未的世界，僅是人為的設定。前已經過去，後尚未來臨，現正成過去。過現未都沒有的世界，即是完全無的世界。前三三後三三，即是表現對無的體驗。在無的體驗中，一切都得到了超越。舉一可反三，因此，本則公案表現的不僅是對一多、凡聖的超越，而且是對一切相對意識的超越。

始從芳草去，又逐落花回

與牛頭未見四祖時住於法執、首座住於一色相反，景岑遊山，不住法執，不滯空境，而是從聖境中轉身而出，表現了灑脫不拘的悟者情懷。

景岑遊山，有「始從芳草去，又逐落花回」之吟，首座說：「只是追隨春意而已。」

景岑回答：「也勝秋露滴芙蕖。」(《五燈會元》卷4)

　　景岑的回答，表明已超越秋露滴芙蕖的枯淡聖境，而以平常心享受春風駘蕩。

　　僧問：「什麼是開悟後的奇特的事情？」

　　玄沙答：「我是釣魚船上的謝三郎。」（同上，卷7）

　　玄沙的回答，意為「親切事」不必高推聖境，它就是平常心、本來人。

　　禪宗常說，「荊棘林中下腳易，夜明簾外轉身難」。心中妄念紛飛，好像置身在荊棘叢中。把這些妄念放下很困難，但還不是最難。最難的是當修持達到了一個程度，完全忘我、忘身，心裡頭覺得清清明明空空洞洞的，以為這個就是徹悟，實際上還落在小乘果。這時候要轉過身來，不留戀於清淨的境界，行人所不能行，忍人所不能忍，進入茫茫苦海救世度人，就非常困難。因此景岑禪師能夠「又逐落花回」，實在難得。

悲智雙運

　　《涅槃經》卷11：「三世諸世尊，大悲為根本……若無大悲者，是則不名佛。」佛對眾生的苦惱無條件地同情，是為「無緣大慈」；佛對眾生的病痛有如同身受的感受，是為「同體大悲」。

　　維摩詰託疾毗耶離城，眾人前來探視，問居士為什麼病了。維摩詰回答說，因為一切眾生都病了，因而自己也有了病。如果眾生病癒，自己的病也就會隨之痊愈。菩薩像愛惜

子女般愛惜眾生，眾生得病菩薩病，眾生病癒菩薩愈。維摩詰的話表達了宗教體驗的精髓。

有人對趙州說：「佛是偉大的覺悟者，是所有人的導師，自然會免去一切煩惱。」

趙州說：「你哪裡知道，佛有最大的煩惱。」

其人不解地問：「這是什麼原因?」

趙州告訴他：「因為佛煩惱著一切人的煩惱，要救度一切眾生，所以才有最大的煩惱啊。」(《景德傳燈錄》卷10)。

小乘佛教只追求個人的自我解脫，把灰身滅智證得阿羅漢果作為最高目標，所以僅僅是自了漢；大乘則大慈大悲，普渡眾生。禪者開悟之後，度驢度馬，悲智雙運。

悲和智是佛菩薩所具有的一雙之德。智是上求菩提，屬自利；悲是下化眾生，屬利他，兩者缺一不可。如果參禪者僅是為了克服生死此岸而達到涅槃彼岸，仍屬自私狹隘，因為他撇開了其他人的痛苦而只追求個人的解脫。為了克服對於涅槃彼岸的執著，必須回到生死此岸，以同體大悲使一切人從輪迴之苦中解脫，這才是禪者生活的真正意義所在，才是大乘佛教「不住生死，不住涅槃」、「生死即涅槃」的獨特認識。

真正的涅槃是悲與智的根源，因為它完全擺脫了分別心的束縛，能毫無阻礙地看到萬物的獨特性和區別性，所以是智慧的根源；由於覺者返回輪迴，無私地關懷著陷於生死流轉的一切眾生的解脫，所以它又是慈悲的根源。

度驢度馬

趙州禪師居住的河北觀音院，有座天下聞名的石橋。

一位雲遊僧問趙州：「聽說這裡有座趙州石橋，但我卻只看到一座獨木橋。」

趙州說：「你只看到獨木橋，卻看不到趙州的石橋。」

僧人惘然：「趙州的石橋到底是怎樣的?」

「度驢度馬，」趙州停頓了一下，接著從容而堅定地說：「度一切眾生!」

趙州的石橋正像恒河的沙子，牛羊蟲蟻踐踏而行，它不抱怨；珍寶馨香它不貪，糞屎臭穢不嫌惡。儘管被千萬牲口踐踏，千萬牲口的尿屎排在上面，它從不生厭。千萬牲口的腳印被時間之流慢慢洗刷掉，而牠們的尿屎都被吸收，留下那沙子永遠是乾淨的。趙州的石橋也是如此。禪者正像這樣一座石橋，為了他的人類同胞的福祉默默地工作著。

有形的獨木橋只能度有限的人，而無形的趙州石橋，則是以菩薩的慈悲心，默默地承受驢馬的踐踏，普渡眾生。

那邊會了，這邊行履

禪宗對悲智雙運的形象表述，是「那邊會了，卻來這邊行履」(《古尊宿語錄》卷12)，指的是參禪者發現了自己的真如佛性後，重新回到世俗，以實現普渡眾生的弘願。

《法華經》說，菩薩永不進入最後涅槃，他要停留在眾生當中，為教育與開悟他們而工作。只要能有助於眾生幸福，

他不辭任何苦難，這便是「娑婆往來八千度」的悲行。佛與菩薩悲懷無盡，會無限地到充滿苦難的世界中來。

禪宗反對「自了漢」，主張積極入世，在普渡眾生之中完成道行。「佛法在世間，不離世間覺。離世覓菩提，恰如求兔角。」（《壇經・般若品》）離開了塵世和眾生，個人的自我完善根本不可能，因此悲智雙運的禪者，「那邊會了，卻來這邊行履」（《五燈會元》卷14）。獲得了覺悟之後，重新回到紅塵世界，為服務他人而努力地工作。

自了漢

黃檗希運遊天台山時，遇到一個和尚和他說說笑笑，像是舊相識一般，兩人遂結伴而行。

走了一會兒，兩人要蹚過一條澗水，正好遇見澗水猛漲，黃檗就摘下斗笠，把禪杖插入土中，停了下來。

這時，只見同行的那個和尚自己渡了過去，招呼希運：「快過來，快過來。」

希運鄙夷地說：「你這個只顧自己的傢伙！早知這樣，非砍斷你的腳根不可。至於我，當別人渡不了時，我決不先過河。等所有的人都過去之後，我才會過去的。」

那個和尚聽了，讚歎地說：「你真是大乘法器！」（《景德傳燈錄》卷9）

這則故事反映了大乘佛教和小乘佛教的區別：小乘只追求個人的自我解脫，把「灰身滅智」證得阿羅漢果作為最高

目標，所以僅僅是「自了漢」；大乘則宣傳大慈大悲，普渡眾
生，把成佛渡世、建立佛國淨土作為最高目標。

百尺竿頭須進步

《五燈會元》卷4招賢禪師偈：

> 百尺竿頭不動人，雖然得入未為真。
> 百尺竿頭須進步，十方世界是全身。

僧問：「已經上到了百尺竿頭，還怎麼個進步？」
招賢禪說：「朗州山，澧州水。」
僧人說：「我還是不理解師父的意思。」
招賢說：「四海五湖皇化裡。」

「百尺竿頭」是上求菩提的絕對境地。修行而達到百尺
竿頭，是很高的悟境。但到了百尺竿頭，還不能停止。如果
高高地停留在一己之悟中，尚非徹悟。百尺竿頭再進一步，
就是出空入有，和光同塵，會天地為己有，融萬古於一心，
此時「十方世界」、「朗州山，澧州水」都在本心自性之內。
由向上轉而向下，返回現實世界，這才是「百尺竿頭」上的
「進步」。開悟是活潑潑的「現量」境界，所謂「四海五湖皇
化裡」、「滿目青山萬萬秋」，十方世界，打成一片，這才是「全
身」。

禪者常說，釋迦和達摩現在仍在修行中。上山之路，即

下山之路。所有的參學者都追求了悟，但了悟並非終點，而是一個新的起點。從了悟之境轉過身來，入廛垂手，才是禪者生活的價值所在。

潙山曾宣稱死後到山下施主家作一頭水牯牛，這種「普天成佛兼成祖，獨有潙山作水牛」的大乘悲懷，激發了許多禪人嚮往。水牯牛默默無悔地為人類工作，這才是禪者竿頭進步的榜樣。

十字街頭，解開布袋

真淨克文禪師偈云：

> 事事無礙，如意自在。手把豬頭，口誦淨戒。趁出淫坊，未還酒債。十字街頭，解開布袋。

禪宗主張修行的人遠離聲色場所修心養性，開悟之後還要回到世俗世界如酒樓、賭場、花街、柳巷來驗心，看在這些場合心是不是會動、會亂，定力會不會退失。如果於日常生活中有主宰，不隨物轉，在污泥而不染，才堪為塵世中的解脫之人。「十字街頭，解開布袋」等指的就是開悟之人重返世俗時通脫無礙的境界。

五代後梁有位僧人常用杖背一布袋入市，見物即乞，出語無定。隨處寢臥，狀如瘋癲，這就是聞名遐邇的布袋和尚。布袋和尚臨終說偈云：「彌勒真彌勒，分身千百億，時時示世

人，世人自不識！」

　　佛、菩薩為了救度眾生，平息其苦海狂瀾，有時示現出
與眾生相似的生活方式。著名的維摩詰居士就是這樣一位菩
薩，他「雖然沒有出家，卻奉持出家人的戒律；雖然生活在
俗世，卻不為俗世所牽累；雖然娶了妻子，卻經常修習梵行；
雖然有寶物裝飾，卻是為了使自己形相莊嚴；雖然也吃精美
的食物，卻以禪悅為味。」（《維摩經·方便品》）。他甚至來到
妓院酒館，宣講貪欲的危害，使誤入歧途的人重新樹立生活
的信念。維摩詰居士在十字街頭，度引眾生，成為中國佛教
史上的著名人物。

禪悟的境界

金鴨香爐錦繡帷，
笙歌叢裡醉扶歸。
少年一段風流事，
只許佳人獨自知。

　　不向外求、重視内在生命的禪悟狀態猶如「迴光返照」，即直下照見本心本性。世人逐物迷己，流浪他鄉，飄泊沉淪，明心見性之時，則不復追逐外境，而回歸精神故里，得大休歇，大自在。明心見性的禪者，揚棄了顛簸世路時的二元觀念，以第三隻眼來觀照世界，般若智光燭破無明昏暗，熠熠生輝。

一切現成的現量境

一切現成

　　僧問：「什麼是本來身？」

　　禪師說：「迴光影裡見方親。」

　　迴光返照，一切現成。

　　法眼文益是法眼宗的創始人。他的悟道、弘法因緣，也廣為叢林所傳誦。

　　法眼文益曾約兩個同伴去南方參學，在羅漢桂琛禪師那裡寄住一宿，第二天辭行。桂琛覺得他還可以深造，又不便明白挽留，就指門前一塊石頭對他說：

　　「你是懂得唯識學的，試問這石頭是在你的心外還是在心內？」

　　文益說：「在心內。」

　　桂琛說：「你是個行腳人，應該輕裝前進，為什麼安塊石

頭在心內而到處走動?」

文益無言以對，便又留住月餘，仍不得其解，桂琛這才告訴他說：

「若論佛法，一切現成！」

文益大悟，終成一代宗師，這就是禪宗史上著名的法眼禪師。在法眼的啟發下，不少人都獲得了開悟。

一日，法眼問則監院：「則監院為何不入室參請?」

則監院說：「和尚你有所不知，我在青林禪師處，已經有了悟境，蒙他印可過了。」

法眼說：「你說給我聽聽。」

則監院說：「我問如何是佛，青林說：『丙丁童子來求火。』丙丁屬火，以火求火，正像我即是佛，更去求佛。」

法眼歎道：「則監院果然理解錯了。」

則監院不服氣，氣呼呼地打起包袱，渡江走了。

法眼說：「這人如果回頭，還有救；如果不回頭，就沒得救了。」

則監院走到半途，心想，法眼是一代宗師，還能騙我不成? 多半是我錯了，於是又回頭再參。

法眼說：「你再問我，我為你解答。」

則監院便問：「如何是佛?」

法眼說：「丙丁童子來求火。」

則監院於言下大悟。

禪宗把山水自然看作是佛性的顯現，「青青翠竹，盡是法

身。郁郁黃花，無非般若」。《涅槃經》曾提出佛性如虛空及真如遍在的思想。佛性如虛空，虛空無所不包，牆壁瓦石等「無情」物也不例外。在禪宗看來，無情皆有佛性，山水悉是真如，因此，參禪者應當見色明心，聞聲悟道，很多參學者便是從一聲蛙鳴、一叢翠竹、一鐮月色、一朵黃花中悟入大道的。

柳綠花紅

茶味禪味，茶禪一味。

日本茶道鼻祖珠光，曾是京都紫野大德寺一休和尚的門下。他因為經常打瞌睡而自覺不安，就通過喝茶來治療，從此改變了打瞌睡的習慣。

有一天，一休禪師問他：「要以怎樣的心境來喝茶?」

珠光回答：「為健康而喝茶。」

一休又問：「有個和尚問趙州禪師什麼是佛法的大意時，趙州回答：『吃茶去。』你是怎麼看的?」

珠光默然。

一休叫侍立一旁的和尚給珠光端上一杯茶。珠光接茶在手，一休大叫一聲，一掌將珠光手中的茶杯劈倒。珠光一動也不動，只對一休行了個禮，就站起來辭行。

珠光走到門口時，一休突喊：「珠光!」

「是!」

「剛才我問你吃茶的心得，現在，我們撇開喝茶的心得

不談，只喝茶怎麼樣?」

珠光平靜地回答:

「柳綠花紅。」

一休露出了滿意的微笑。

從此，珠光改變了喝茶的心境:喝茶並不是為了健康或嗜好，更不是為了考究茶道的方法，而是已加上了禪悟的心境。茶道的真諦，就是一切現成。在一杯清茶中，包含著人生的全部意蘊。

溪聲廣長舌，山色清淨身

蘇軾遊廬山東林寺，呈偈常總和尚:

溪聲便是廣長舌，山色豈非清淨身。
夜來八萬四千偈，他日如何舉似人?

佛經以三十二相稱譽佛陀化身的相好莊嚴，「廣長舌」即其一。《大智度論》說佛舌廣而長，柔軟細薄，伸出來可以覆蓋整個面部甚至頭髮，「廣長舌」是佛陀善於說法的象徵。「清淨身」即清淨法身，佛的真身。

溪聲、山色之類，即是無情。潺潺溪水，徹夜不停地宣說著微妙佛法;蔥郁青山，明明白白地呈露著清淨法身。一夜之間，溪水流珠濺玉，宣說出千千萬萬首禪偈，它們是如此的豐盈富贍，三寸之舌又怎能將它的妙義悉皆告訴給別人?

更何況，此中有真意，欲辯已忘言。即使想宣說其中的一部分，也沒法用一般的言詞來表達啊。

雪堂行和尚看到這首詩偈時，認為「便是」、「豈非」、「夜來」、「他日」八字多餘，最好刪掉。「白隱和尚的老師正受老人說：『廣長舌、清淨身也不要，只要溪聲、山色就可以了。』不顧庵禾山和尚更進一步的說：『溪聲、山色也都不要，若是老僧我的話，只要嗯哼的一聲就可以了。』」

金剛般若隨說隨掃，旋立旋破。蘇軾之偈固然寫得很美，但如果執著即又成新病，因此證悟禪師批評說：

> 東坡居士太饒舌，聲色關中欲透身。
> 溪若是聲山是色，無山無水好愁人。

這種批評也是從一切現成的角度來立論的。一切現成，所以山河大地全露法王身。在現量境中，山河大地即是山河大地，不容推量計較。如果在山河大地之外再推求另一個法王身，離開現景而別求高深玄妙之義，就違背了一切現成的原則，山水成了法身的符號，而失去其本身的美感，這樣一來，山山水水，成了無山無水，豈不索然乏味，令人愁絕？證悟禪師的詩，從另一角度豐富了東坡詩境。

山河及大地，全露法王身

洪壽禪師的開悟，也是得益於對一切現成觸目菩提的體

證。《林間錄》卷上載，洪壽無意間聽到墜薪之聲，心花頓發，作偈明心：

> 撲落非他物，縱橫不是塵。
> 山河及大地，全露法王身。

束薪墜地的清音脆響，宛如自己百骸千竅的響聲。不是束薪墜地，而是自己多年來生命的負荷，轟然墜地，全體放下。此時，不論是山河大地還是自己，都是「法王身」的活潑呈現。

吾無隱乎爾

臨濟宗黃龍派的開山祖是黃龍慧南，慧南傳晦堂禪師。晦堂的門下，收了一個赫赫有名的文豪黃山谷道人。

《羅湖野錄》卷1載，晦堂開示山谷的方法很特別，是借用了《論語》中一句人人熟悉的句子。

孔子的弟子曾說：「老師的學問那麼高深，我們怎麼學也趕不上。是不是老師對我們有所隱瞞？」

孔子笑著對弟子們說：「吾無隱乎爾。」（我對你們並沒有什麼可隱瞞的）

黃山谷一天陪晦堂禪師在山間散步時，晦堂一言不發，山谷也沒有問什麼。忽然一陣清幽的木樨香飄來，晦堂便問：

「你聞到木樨香了麼？」

　　黃庭堅說：「聞到了。」

　　晦堂高興地看著這位俗家弟子，意味深長地說：「你不是一直向我請教禪的奧義麼？那麼現在，吾無隱乎爾。」

　　黃庭堅頓時了悟，納頭便拜。

　　晦堂笑著說：「我只是想讓你到家罷了。」

　　晦堂將仲尼的「吾」，換成了自然的「吾」，表現了一切現成的禪悟體驗。「吾無隱乎爾」的「吾」，既是晦堂，也是木樨香、禪道。現在，它明明白白地呈露在你的眼前，要是你的思想跑到別處去思考什麼禪學要義，是不會聞到一絲半縷的香氣的。你只要不去捨近求遠，就可聞到香氣，進入禪的大門，到了「家」了。《禪宗頌古聯珠通集》卷39石溪月頌本則公案云：

　　　渠儂家住白雲鄉，南北東西路渺茫。
　　　幾度欲歸歸未得，忽聞岩桂送幽香。

　　「白雲鄉」，是白雲萬里之外的鄉關，是精神的故里。遊子思歸，多少次努力都沒有成功，因為歧路太多，找不到一條直截的路。忽然間岩桂飄送幽香，方知大道就在目前，故鄉就在腳下。

何夜無月

　　蘇軾與好友張懷民夜遊承天寺，庭下積水空明，水中藻

荇交橫，定睛細看，才知道積水就是月色，水中的藻荇是松柏的投影。好一幅清麗撩人的景致！蘇軾不禁感歎：「哪一天晚上沒有美麗的月色，哪一塊地方沒有蒼翠的松柏，只不過世上缺少像你我這樣能得悠閒之趣的人罷了！」

確實，人生時時處處皆有良辰美景，但能享受它們的卻並不多。

九峰韶禪師有一次在惟正禪師的禪院掛單，一天晚上快睡覺時，惟正邀他賞月，說：「月色如此，勞生擾擾，對之者有幾人？」——雖然美妙的景致對任何人都一視同仁，但在這世上能感受到景色之美妙者畢竟只有很少一部分人。

由此看來，良辰美景又似乎只向能得悠閒之趣、有心境欣賞它的人呈獻自己的姿韻了。所以唐歐陽詹〈秋夜寄僧〉中有「月照千峰為一人」之句。叔本華也說：「一個焦慮與匆遽的旅行者，他所看到的萊茵河及其堤岸，將不過是一根直線，而河上的那些橋樑，也僅僅是同直線相交的若干直線而已。」

唐詩中也多有此慨，如李涉〈題白鹿蘭若〉：「只去都門十里強，竹蔭流水繞房廊。滿城車馬皆知有，每喚同遊皆道忙。」韓愈〈把酒〉：「擾擾弛名者，誰能一日閒。我來無伴侶，把酒對南山。」至於白居易的〈過天門街〉更是膾炙人口的名篇，至今還被製成詩牌放在繁華的西安東大街上：「雪盡終南又一春，遙憐翠色對紅塵。千車萬馬九衢上，回首看山無一人。」

非思量

　　藥山惟儼在石上禪坐，若有所思。

　　僧問：「兀兀地思量個什麼?」

　　藥山說：「思量那個不思量的。」

　　僧人滿頭霧水：「不思量的怎麼能思量呢?」

　　藥山說：「非思量。」

　　禪的現量境一切現成，不假推理。僅憑邏輯知性並不能達成禪悟，「不思善不思惡」的禪不可以解會。禪既不能思量，也不能不思量。墜入思量，禪就會蛻化成空洞的概念、抽象的名詞；墜入不思量，反理性的弊病就會產生。禪建立在非思量的基礎之上，是超越了思量和不思量的現量。

　　「現量」本是因明用語，三量之一。量為尺度之意，指知識來源、認識形式，及判斷知識真偽的標準。「現量」是尚未加入概念活動，毫無分別思維、計度推求等作用，僅以直覺去量知色等外境的自相，如眼見色、耳聞聲等。它是感覺器官對於事物的直接反映，尚未加入思維分別活動，不能用語言表述，是「比量」的基礎。「比量」是以分別之心，比類已知之事，量知未知之事。禪的「現量」，即是不落情塵計較直契本來面目的禪悟觀照。

只為分明極，翻令所得遲

　　山河及大地，都是自性的顯現。溪水是如來說法的聲音，山峰是佛陀美妙的姿態。但如果觀照之眼受情塵欲垢的障蔽，

落入比量，那麼即使自性在山水中予以充分的暗示，他也不會看到任何東西。所以《禪宗頌古聯珠通集》卷31本覺一頌偃溪水聲云：

紫燕飛來繞畫梁，深談實相響浪浪。
千言萬語無人會，又逐流鶯過短牆。

紫燕流鶯談實相，山河大地說真如，然而卻沒有人能夠聆聽領會。對這觸目菩提，必須用慧心慧眼來觀照，否則縱使它明白顯露，也付諸枉然。洪壽聞墜薪有省，而有的人遭遇類似的情境卻不能省悟。真如本心明明白白地顯露，一山一水一草一木，甚至石頭碌磚，案頭豬肉，麻三斤乾屎橛，都是它的顯現。自性通過這一切呼喚著眾生，卻無人領會，這殷切真摯的呼喚，只得徒然地隨著流鶯飄向鄰家。

無情說法

唐代的慧忠禪師，因力倡無情說法而聞名叢林。

一天，學僧問他：「無情既有心性，還解說法否？」

慧忠答：「它滔滔不絕，從未間歇。」

「那麼我為什麼沒有聽見？」

「你當然不能聽到，只有佛才能聽到。」

「那麼眾生就無緣聽到了？我識見淺陋，無緣聽到，你禪德高深，當是一定聽到了。」

「我也沒有聽見。」

「你既然沒有聽見，怎麼知道無情說法呢?」

「我如果聽得見，就與諸佛一樣了，這樣一來，你哪裡還會聽到我說法呢?」

「那麼眾生究竟能不能聽到?」

「眾生如果能聽到，就不是眾生了。」

無情滔滔不絕地說法，但只有心中具備深邃悟性的人才有可能聽到。

頻呼小玉元無事，只要檀郎認得聲

圓悟克勤禪師是宋朝臨濟宗楊岐派著名僧人。他開悟的機緣尤為奇特，是從一首豔詩悟道的。

克勤自幼稟賦聰異，一日能記千言，過目不忘，有神童之稱。一天偶然到妙寂寺遊玩，看到案上的佛經，再三翻閱，愛不釋手，遂出家為僧。他參訪過許多著名禪師，後來投到法演禪師的門下。

數年之間，克勤精進不懈，時有所悟，並且將自己所寫的詩偈呈法演印證，但師父卻始終認為克勤還沒有見到自性。後來，有一位曾在朝廷任職的吏部陳提刑，剛巧辭官返回蜀中，特來向法演問道:「什麼是祖師西來意?」

法演回答說:「你少年時代可曾讀過一首豔詩?『一段風光畫不成，洞房深處惱予情。頻呼小玉元無事，只要檀郎認得聲。』後面這兩句和祖師西來意頗為相近。」

　　古時男女授受不親，一個女子是不能主動對男性表示愉悅之情的，縱然是洞房花燭之夜的新娘子，也不能大聲呼叫自己的夫婿。只能枯坐洞房、等待夫婿的新嫁娘，自不免愁惱之情。她頻頻使喚貼身丫環小玉拿茶倒水，無非是要引起丈夫的注意，讓他知道自己正在房中等待。諸佛祖師就是這位用心良苦的新娘子，而眾生就是那位感覺遲鈍的檀郎。祖師們的語錄公案、諸佛的教示言說，就是那頻呼小玉的弦外之聲。法演禪師引用這首豔詩，自有其深意。陳提刑聽了，心解意會，口中頻頻稱諾，滿意地回去了。

　　克勤剛巧從外面回來，聽到這段公案，滿臉疑惑地問道：「剛剛聽到師父對提刑舉一首豔詩，不知提刑會也不會？」

　　法演回答說：「他識得聲音。」

　　「他既然識得聲音，卻為什麼不能見道呢？」

　　法演知他開悟的機緣已經成熟，遂迅雷不及掩耳地大喝一聲：「什麼是祖師西來意？庭前柏樹子呢！」

　　克勤豁然開解，跑出方丈室外，看見一隻公雞飛上欄杆，正鼓翅引頸高啼，笑道：「這豈不是『只要檀郎認得聲』的『聲音』！」於是將自己開悟的心得寫成一偈，呈給師父：

　　　　金鴨香爐錦繡帷，笙歌叢裡醉扶歸。
　　　　少年一段風流事，只許佳人獨自知。

　　詩意謂悟道如熱戀中的情事，只能自證自知，旁人是無

法知道個中況味的。悟境言語道斷，不立文字，好比少年的風流韻事，如人飲水，只許自知。這是把少年比喻成名字叫佛的純真人性。少年的情意，只有熱戀少年的女子才能感覺得到。佛對眾人的呼喚，也只有那些心中有佛的人才能聽得到。

五祖法演見了，欣慰地說：「見性悟道是歷代諸佛祖師們念茲在茲的大事，不是小根劣器的凡夫所能造詣的。今天你能和諸佛聲氣相通，我真為你高興！」五祖於是對蜀中的禪門耆舊傳出消息說：「我的侍者終於參禪悟道了！」

克勤成了法演最傑出的弟子。

本來現成

「一切現成」側重本心的遍在性，「本來現成」側重本心的自足性，在禪宗語錄中也叫「本來成現」。

「處處逢歸路，頭頭達故鄉。本來成現事，何必待思量。」（《五燈會元》卷6）每一處所在都是歸鄉的路，真如自性本來現成，直下體取即是，不必尋思計較。

與「一切現成」感悟一樣，「本來現成」也需要用般若直觀來體證，一如淳藏主〈山居詩〉所云：「本來成現不須參。」（《羅湖野錄》卷2）

《華嚴經》將用心機意識來測度現量境比喻為螢火燒須彌山，《圓覺經》也指出用思量分別之心不能測度如來境界。袁宏道致友人信說：「世豈有參得明白的禪？若禪可以參明白，

則現今目視、耳聽、髮豎、眉橫，皆可以參得明白矣。須知髮不以不參而不豎，眉不以不參而不橫，則禪不以不參而不明，明矣。」在《德山塵談》中，袁宏道又說：「天下事物，皆知識到不得者。如眉何以豎，眼何以橫，髮何以長，鬢何以短，此等可窮致否？如蛾趨明，轉為明燒。日下孤燈，果然失照。」

這裡的「參」指理智思考的全部努力。理智的思考在它所面對的自然真實面前，猶如太陽下燈光般的黯淡微弱。用知性的思維去參本來面目，一似飛蛾投火，終為火焚。

師姑元是女人作

智通禪師在馬祖的弟子歸宗智常禪師處學禪。

一天，夜深人靜，智通忽然大聲叫喊起來：「我開悟了，我開悟了！」眾僧被這喊聲嚇了一跳。

第二天歸宗講法時間：「昨天夜裡喊叫開悟的僧人站出來。」

智通站了出來說：「就是我。」

歸宗問：「你見到了什麼道理，就說開悟了？說給我聽聽。」

智通說：「尼姑原是女人做！」

歸宗感到很奇特，智通於是辭別歸宗走了。歸宗送他到門外，為他提著斗笠。智通接過斗笠，戴在頭上就走，頭也不回。

「師姑元是女人作」，也就是「個個眉毛眼上橫」、「六六

三十六」、「九九八十一」。凡此，都是纖毫畢現的原真態，是不加任何雕飾塗污的本來面目。在感受到這些事實存在的瞬間，悟境也就奇蹟般地出現了。

鼻頭向下少人知

宋惠洪〈與韓子蒼〉：「脫體現前無躲避，鼻頭向下少人知。」

雙眉本來自橫，鼻孔本來自直。自然界的萬事萬物，沒有任何隱瞞地把它們的面目充分地顯現在我們面前，「脫體現前」，赤條條地，坦誠到了極致，可是有幾人能體會出這擺在眼前的事實？

日本的道元禪師，在中國學禪回國後，和人談起十年來的心得時說：「這段時間我領悟到了一個最深刻的道理：眼睛是橫著長，鼻子是豎著長的。」

眾人聞之，莫不捧腹大笑。但隨即，他們的笑容僵在臉上，因為在那一陣笑聲過去之後，他們才發現那笑聲竟是如此的空洞。

眼橫鼻直雖為事實，但能真切地感悟到它的存在的，卻為數甚少。對「鼻頭向下」這一事實，倘不經歷一段勤苦的修行，是不會有真切感受，無法體驗其莊嚴一面的。

人佛一如

「本來現成」，人佛不二，明見此理，參禪者即成為鼻孔朝天的唯我獨尊者。

雲門文偃是雲門宗的開山祖，他是在睦州禪師處開悟的。睦州禪師機鋒迅捷，疾如閃電，讓人難以應對。他平常接人，才跨門坎，便一把抓住來人，喝問：「快說，快說!」若回答不出，便一把推出門去。雲門去了兩次，睦州都閉門不見。到了第三次，睦州在門裡問：「誰?」雲門急答：「文偃。」睦州剛露出一點門縫，雲門便闖了進去。睦州一把抓住，大聲喝道：「快說，快說!」雲門一愣神，便被推出門外。睦州急急關門，夾傷了雲門的一隻腳。雲門疼得叫了起來。就在他一張口的時候，忽然大悟。雲門後來接人，手段完全出於睦州，往往用一句話鑱斷疑情，不容擬議尋思，所以禪林中有「雲門天子」之稱。

佛一出生，就一手指天，一手指地，周圍走了七步，大聲說：「天上天下，唯我獨尊!」僧問雲門這是什麼意思，雲門說：「可惜我當時不在場。我要是在場的話，一棍子打死餵狗，圖個天下太平!」

這僧聽了，如墜五里霧中，就問另一個禪師說：「雲門師父怎麼能講出這種話來呢，是不是有罪啊?」

那位禪師回答道：「不，雲門講這話功德無量，報了佛的大恩。功德都說不完，哪裡還會有罪?」

雲門之語深得佛祖之意，因為「唯我獨尊」的真實意圖

正在於教人向他看齊，並超越他。後來宋代的惠洪禪師也說：「當時我若見雲門，一棒打殺乞與狗！」（乞與：扔給）正是在不斷的超越中，才能獲得最終的覺悟，而不致於在打碎舊偶像的同時又屈服於新偶像，或把自己樹立為新偶像。

　　無獨有偶，性空妙普庵主撰有〈見佛不拜歌〉。有位和尚看了，質問他：「既然見到了佛，為什麼還不拜？」

　　妙普給了他一掌：「懂了麼？」

　　「不懂。」

　　妙普又給了他一掌，說：「家無二主！」

　　在精神的家園裡，自我覺悟便是最高主宰，知識、佛祖、導師再尊貴，也沒有其容身之地。

大悟不存師

　　在馬祖百丈師徒見到野鴨子時，馬祖捏住百丈鼻頭，在一捏之間將禪傳與百丈。次日馬祖剛準備說法，百丈就卷起坐墊離去。坐墊通常鋪在佛像面前，和尚在坐墊上向佛禮拜，把坐墊卷起就表示法會已終。馬祖見此情形，便走下法座，來到百丈的房裡。

　　「我還沒有說法，你怎麼就卷席而去？」

　　「因為昨天我的鼻子被你扭得痛極了。」

　　「昨天你的心思飛到哪裡去了？」

　　「可今天我的鼻子已經不痛了！」

　　昨天百丈的鼻子被馬祖扭住時，他還沒有開悟。可現在

既已開悟，他已經成了自己的主人了。開悟之前鼻子被老師捏，開悟後乃是「靈苗生有地，大悟不存師」(《景德傳燈錄》卷17)，正如《禪宗頌古聯珠通集》卷9開善謙所詠：

> 浩浩長江碧際寬，片帆高掛便乘風。
> 快哉不費纖毫力，萬里家山咫尺通。

　　百丈卷席，於一卷之中，將馬祖的禪法悉皆卷卻，其奔放灑落的意態，猶如江流無礙，片帆乘風，不費絲毫氣力，直歸精神故園。

達摩是老臊胡，釋迦老子是乾屎橛

　　德山禪師經龍潭多方開導，終於大徹大悟，燒掉所有的經疏，進而呵佛罵祖。

　　德山開悟後上堂示眾云：「這裡無祖無佛。達摩是老臊胡，釋迦老子是乾屎橛(寺廟中用來拭糞的以竹木削成的薄片)，文殊普賢是擔屎漢，等覺妙覺(指佛)是破執凡夫，菩提涅槃是繫驢橛，十二分教(指全部佛經)是鬼神薄、試瘡疣紙！」(《五燈會元》卷7)

　　德山這番呵佛罵祖的話，成為後期禪宗反對偶像崇拜的名言，在禪林中產生了巨大的影響。

丹霞燒木佛

丹霞天然禪師有一次寄宿在慧林寺，因為天冷而拿寺內的木頭佛像來燒火取暖。院主見了斥責道：

「你真是膽大包天，竟敢焚燒佛像!」

丹霞不慌不忙地說：「我想燒一些舍利子出來好供養。」

院主一愣：「木佛怎能燒得出舍利子?」

丹霞笑著說：「既然木佛不能燒出舍利子，那麼把剩下的兩尊也拿來燒了吧。」

寺僧聽了，無言以對。後來，他的眉鬚都脫落光了。

丹霞燒佛是後期禪宗反對偶像崇拜風尚的體現。這一行為反映了禪宗任運隨緣、不拘外在形式的精神氣質。但後來有的禪師將這種態度片面發展，遂成禪天魔，這卻是不足取的。

無住生心的直覺境

無我之境

「水月相忘」指能所俱泯的直覺境。它的基礎是無住生心的「無我之境」。

禪宗的無心之境，是直覺頓悟、超越分別思量的狀態。日本武士高夫野義在《禪與劍術》中描繪了到達「劍我一如」境界時的劍道：

「當此同一境性一旦到達之時，身為劍手的我，也就沒有面對我並威脅要刺殺我的對手可見了，而他所做的每一個

念頭，也就像我自己的動作和念頭一樣地被我感到了，而我也就直覺地，甚或不知不覺地知道何時以及如何去刺他了。所有這一切，似乎均皆自然而然，毫不勉強。」

歐根‧赫里格爾〈箭藝中的禪〉也描繪了箭術中的忘我狀態。作者花了多年時間追隨禪師進行刻苦訓練，終於學會了用一種不費勁的力量「從精神上」拉開弓，「沒有目的」地放開弦，讓箭「像熟透了的果子一樣從箭手的手上出去」，當他達到完善的高度時，弓、箭、靶和箭手都彼此融合在一起，他不再射箭，而是它們本身為他做到這一點。

被西方人看得神乎其技的劍道、箭道中爐火純青的無心狀態，其實早已在佛經中被提倡，並成為禪宗的一個基本原則。如《大寶積經》卷116：「如人學射，久習則巧。後雖無心，以久習故，箭發皆中。」同樣的比喻，還見於《大般若經》卷575、《摩訶般若經》卷下、《文殊所說般若經》、《修行道地經》卷5等。

禪宗屢屢揭舉此義，「今之兄弟做功夫，正如習射，先安其足，後習其法。後雖無心，以久習故，箭發皆中」（《五燈會元》卷20）。岩頭禪師上堂時用「如人學射，久久方中」開示學人，名噪禪林，被認為是超過德山的「禪髓」（《祖堂集》卷11）。

無腳手者始解打鑼

南泉問神山：「你在幹什麼？」

神山說：「打鑼。」

南泉問：「用手打，還是用腳打?」

神山不解地說：「請你說說看。」

南泉說：「好生記著這件事，日後有機會問問明眼人。」

後來雲岩聽到這則公案，說：「沒有腳手的人，才能真正知道打鑼。」（《五燈會元》卷5）

僧問龍牙：「十二時中如何怎樣用力?」

龍牙說：「像無手人行拳才行。」（《五燈會元》卷13）

「無腳手打鑼」、「無手腳人行拳」這類禪語，說的都是禪法中的無我之境。

在沒有腳手的忘我狀態中，觀察著的自我被排除，人不再是自己行動的旁觀者，除了目標和實現目標的行動之外並無任何東西，便可以發揮出最大的潛能。排除了中介性，即可臻於匪夷所思的妙境：「無舌人唱歌」，「無足人解行」，「無手人能執」等禪語，表達的都是同類的意趣。

撲通一聲響

日本詩人芭蕉俳句：

古老一池塘，

一蛙跳在水中央，

撲通一聲響。

　　這首俳句表現的，乃是芭蕉習禪獲得頓悟的那個剎那時刻，當此之時，主體與客體、能知與所知，都不復區分，絕對合一，整個宇宙的迷霧，都在那隻青蛙撲通一聲跳進水中的瞬間煙消雲散。在這一瞬間，平日所困惑他的一切，都冰消瓦解，剩下的只是一塵不染、一絲不掛的「無我」，他已被扔進、吸入那個聲音本身之中了。這撲通一聲響把聽者從平素所置身其中的時間之流切斷，從日常事務的因果鏈中解脫出來，而獲得徹徹底底的放鬆。它叩醒了塵封已久的沉睡的純真人性，使它從黑暗的囚房中一躍而出，當此之際，他的整個身心遂一片澄明。

應無所住而生其心

　　「應無所住而生其心」是《金剛經》中的名句。據說慧能是聽了這句話，心有所悟，才出家求法，成為禪宗六祖的。

　　慧能俗姓盧，自幼聰慧。他早年喪父，家裡很窮，每天都要揹一擔柴到集市上去賣，掙錢來養活母親。一天，慧能在集市上聽到有人念誦《金剛經》，聽到「應無所住而生其心」時，不覺心中一動，忙追問跟誰能學到《金剛經》。誦經的人告訴他，蘄州黃梅的弘忍禪師精通此經，能夠使人見性成佛。慧能聽後，就像一個口渴的人飲了甘泉一樣。他回到家裡，置辦了一些生活用品奉養老母，然後隻身前往蘄州，受到弘忍的培養，成為禪宗六祖。

　　應無所住而生其心這句話包含著「無所住」與「生其心」

的辯證關係。「無所住」，指的是對任何事物都不可貪戀執著，情感從不膠著於某物，這樣才能遊心無礙，灑脫自由。但無所住並不是對外物毫無感知、反應，如果那樣，便成了枯木死灰式的頑空了。因此，在無所住的同時，還必須「生其心」，讓明鏡止水般的心涵容萬事萬物。事情來了，以完全自然的態度來順應；事情過去了，心境便恢復到原來的空明。

「無所住」是「生其心」的基礎，「生其心」的同時必須「無所住」，灑脫無礙的悟境才會出現。禪的精髓要義，不外乎是。

無住生心是金剛般若的精髓，對禪宗哲學產生了深刻的影響，慧能曾明確表示其禪法是「立無念為宗，無相為體，無住為本」（《壇經‧定慧品》）。

過去心、現在心、未來心

慧能的弟子之一是青原行思，行思傳石頭希遷，希遷傳天皇道悟，道悟傳龍潭崇信，崇信傳德山宣鑑。

德山是四川劍南人，俗姓周，早年出家，博覽律藏，精通《金剛經》，時人稱為周金剛。聽說南方禪學興盛，大為不平道：「千劫學佛威儀，萬劫學佛細行，然後才能成佛。南方魔子，竟敢說即心即佛，真是大逆不道！」

他決心到南方向禪宗挑戰，於是挑著闡釋《金剛經》的專著《青龍疏抄》，由四川而下湖南。初到澧州，路上見到一個老太婆賣油糍，便放下擔子，要買點心吃。

婆子問：「你挑的是什麼東西?」

德山說：「是《金剛經》的疏抄。」

婆子說：「我有一個問題，如果你回答得上來，白送油糍點心。如果答不出，你就到別處買去。」

德山自負地說：「但問不妨。」他心想，就憑你這個老太婆，還想把我難倒? 你還不知道我這個研究《金剛經》大名家的厲害啊。

婆子悠悠地說:「《金剛經》講：『過去心不可得，現在心不可得，未來心不可得。』那麼你『點』的是哪個『心』?」

德山無言以對，汗如雨下。

婆子說:「你還是去參訪禪宗大師吧。」說罷，挑起擔子，飄然而去。

德山依言參見龍潭禪師，終於得以開悟。開悟之後，他把自己的著作，在大堂之上，當眾燒毀，感歎道：

「窮盡了世界上所有玄妙的言論，不過像將一根毫毛置放在無邊的天空；費盡了世界上所有的意識情解，也只是將一滴水珠投放到巨大的深壑。」

《金剛經》裡還有這樣的話:「如來說諸心皆為非心，是名為心。」這裡說的「心」，即眾生的虛妄心。佛家認為，「三世」本空，都是妄心的產物。所謂「點心」者，實無一心可「點」，也就是無心可得、無法可執的意思。

應物現形，如水中月

　　《金光明經》卷2:「佛真法身，猶如虛空。應物現形，如水中月。」

　　「應物現形，如水中月」是禪悟審美的高華境界，含孕著詩意的空明。禪門中對此段經文精髓表現得最為傑出的是義懷:「譬如雁過長空，影沉寒水。雁無遺蹤之意，水無留影之心。」(《林間錄》卷上)

　　在水月相忘的直覺觀照中，觀與被觀的界限全然泯除，觀照的雙方互為主體，流漾著超妙的情愫，生機遠出。

　　水月相忘的禪者之心，脫離了情感的黏著性，呈現出澄明晶瑩的境象:「寶月流輝，澄潭布影。水無蘸月之意，月無分照之心。水月兩忘，方可稱斷。」(《五燈會元》卷14)

　　水月相忘的審美觀照，體現了禪者擺脫六根黏著性所獲得的澄明感悟:「冷似秋潭月，無心合太虛。」(同上，卷16)只有「無心」，擺脫六根的黏著性，才能性水澄明，心珠朗耀。

風來疏竹，風過而竹不留聲

　　明洪應明《菜根譚》:「風來疏竹，風過而竹不留聲;雁度寒潭，雁過而潭不留影。故君子事來而心始現，事去而心隨空。」

　　風吹到疏林裡的竹葉上，竹葉沙沙作響;風過後，不曾在竹林裡留下一點聲音;大雁飛到澄潭上空時，影子映在水中，飛走時，影子也跟著消失了。

　　修行到家的人，當有事發生時，心頭會有一陣震顫;但

一旦事過境遷，心即恢復到原來的虛明澄澈狀態，空靈平靜，
不會把震顫留在心頭。

對天地萬物，既要有自然的感應，又要保持心性的寧靜，
既充實又空明，才是人生的悟境。

竹影掃階塵不動，月穿潭底水無痕

《五燈會元》卷16：「聲色上睡眠，虎狼群裡安居，荊棘
林內翻身，雪刃叢中遊戲。竹影掃階塵不動，月穿潭底水無
痕。」

竹因風吹而搖擺，使映在階上的影子搖曳不已，好像掃
帚掃地似的。但因僅僅是竹影在晃動，自然掃不動階塵；月
光雖透潭底，但水並沒有被月光浸染。虛心地應付萬事萬物，
則心中不會留下任何牽連。只有這樣，才能居聲色之場而不
被所惑，處虎狼群中而心無所懼，在荊棘堆裡可以自由地翻
身而不害怕被刀傷。

《菜根譚》在引用了這兩句詩後寫道：

「吾儒云：『水流任急境常靜，花落雖頻意自閑。』人常
持此意，以應事接物，身心何等自在。」

不論水流如何湍急，只要不失原有的安寧的心情，就仍
能在喧鬧中得到悠閑的意味；花瓣雖然紛紛凋落，但只要洞
察這只不過是緣散歸空的自然的生命現象，就不致於受到干
擾而憂心忡忡。

《菜根譚》還說：

「靜中靜非真靜，動處靜得來，才是性天之真境。」

在寂靜無聲中保持寧靜，還不算是真正的靜；在喧鬧的環境裡靜得下心來，才算真正達到靜的境界。

人們常常隨著境遇而改變心境，能超越境遇而不為境所遷，才是「竹影掃階塵不動，月穿潭底水無痕」，才有不受拘束的空靈與自由。

禪心已作沾泥絮，不逐春風上下狂

北宋僧人道潛工於寫詩，和蘇軾很要好。蘇軾移守徐州時，道潛去訪問他，蘇軾遣官妓馬盼盼求詩，道潛笑作一絕：

> 寄語巫山窈窕娘，好將魂夢逐襄王。
> 禪心已作沾泥絮，不逐春風上下狂。

詩意說，你這位多情美麗的巫山神女，還是去撩逗那楚襄王一類的多情人去吧。至於我這位和尚，早已無意於人間的歡愛了。

柳絮沾泥後，春風再也吹拂不起，道潛以此來比喻自己心性沈靜，不會受美色的逗引了。後人常用柳絮沾泥來形容懶開倦眼看紅塵的逍遙超脫的禪心。

君看池水湛然時，何曾不受花枝影

唐呂溫〈戲贈靈澈上人〉：

僧家自有芳春興，自是禪心無滯境。
君看池水湛然時，何曾不受花枝影？

　　美好的景物也可以激發起禪者的興致。世人往往黏著於
境，一件事情過去後，心中留下了永久的震顫。禪者則不然，
事情過去後，心境即回復到原來的空明。禪者既有芳春興又
不滯於芳春興。禪者的心一似清湛的池水，映現著世上萬事
萬物的影子，也似一面明鏡，一切理、事、物來了，就自然
地鑑知與反應。只是受影、鑑物的同時，仍然保持心靈的澄
明平靜。

　　中國早期佛教講求禁欲、苦行、坐禪，後來，佛教與玄
學結合，便發生了由禁欲主義向自然適意的人生觀的轉換。
唐代禪宗的興起，進一步推動了適意的人生哲學的流行。這
首詩就是對率性適意的唐代禪風的反映。

　　「心隨萬境轉，轉處實能幽。隨流認得性，無喜亦無憂」。
心若停止流動即成腐水，心必須流動，感受外境。但在流動
時要保持它的幽玄微妙，在無心中映現萬物的本來面目，而
不注入任何東西，這便是「幽」。這樣才既能心隨境轉，又超
於其境，「隨流」之時仍保持本心的虛明澄澈，超越憂喜，安
詳寧謐。生活在現象界，而不為現象界的種種事相所拘限。
存在而超越，充實而空靈。

相送當門有修竹，為君葉葉起清風

這是《虛堂錄》裡的兩句詩。送朋友到門口時，屋旁綠油油的竹葉，發出沙沙的聲響，好像風也在送客似的。

這首詩讓人感到朋友之間的深情厚意。雖然相別是相聚的開始，且「真性」無去無來，是沒有什麼離別的，然而，如果因此而對相別抱著超越寂寞和悲哀的態度，不流淚也不悲戚，這也並非悟。在離別時仍然將自己的整個身心投入其中，「隨處作主，立處皆真」，才能感到無論何處都自有其意義存在，並且可以感受到真實的生命。

這兩句詩也讓人體會出「一期一會」的莊嚴態度。

「一期」是人的一生，「一會」是只有一次的相會。人生聚了又散，散了又聚，沒有一次是相同的聚會。不但與摯友相會不易，與真實的自我相會亦非易事，須倍加珍惜才是。

驢覷井，井覷驢

對水月相忘的直覺之境，禪宗以「井覷驢」來象徵。

曹山問德上座：「『佛真法身，猶如虛空，應物現形，如水中月。』什麼是『應』的道理？」

德上座說：「如驢覷井。」

曹山說：「你只說出了八成。」

「那麼你是怎樣看的？」

「如井覷驢！」

「驢覷井」還有主觀的成分在內，而「井覷驢」，則完全

消泯了主觀意念的中介性，能所俱泯，超越了二物相對的狀態，超越了情識分別，是不可思議的直覺境界。

《信心銘》：「能由境滅，境逐能沉。境由能境，能由境能。欲知兩段，元是一空。一空同兩，齊含萬象。」僧璨指出，如果沒有客觀的存在，主觀的察知就不會發生；如果沒有主觀的察知，客觀的存在就失去了意義。客觀藉主觀而顯現，同時，有了客觀環境，才能產生主觀的內涵，心本無生因境有。能與境都是空所顯現的浮光掠影。空含融了主與客、能與所、物與我。森羅萬象，一法所印，當體是空。

能所俱泯，是禪宗觀照方式的根本特徵。

新婦騎驢阿家牽

僧問首山：「什麼是佛？」

首山說：「新婦騎驢阿家牽。」

僧人問首山省念禪師：「什麼是佛？」也就是要求他解答「佛」的定義，或「怎樣才算大徹大悟？」「如何才能以佛的心來接事應物？」首山輕鬆自如地回答道：「新婦騎驢阿家牽。」家，音姑。舊時婦女稱婆婆為「阿家」。這句話的意思是：新過門的媳婦騎著驢，而婆婆卻牽著繩子。這句話把當時的情景，描寫得栩栩如生。

新婦騎驢，婆婆卻牽著繩子，這在千餘年前極為罕見。在一般人眼裡它是顛倒的現象，而首山答語中，騎驢的新婦與牽繩的婆婆，都處於無心狀態，沒有牽與被牽、驢上驢下、

尊卑高低的觀念，在這無心的狀態中，存在著活生生的佛意。這便是「井覷驢」式的禪悟直覺觀照。這樣的「無心」，也正是「佛心」。

涵容互攝的圓融境

珠光交映

　　華嚴禪思的根本特徵是圓融，表現圓融妙喻的是《華嚴經》中奇妙的帝釋天之網。它取材於印度神話，說天神帝釋天宮殿裝飾的珠網上，綴聯著無數的寶珠，每顆寶珠都映現出其他的珠影，並且映現出其他寶珠內所含攝的無數珠影。珠珠相含，影影相攝，重疊不盡，輝映著無窮無盡的法界，呈顯著博大圓融的絢麗景觀。

　　圓融是華嚴的至境，也是禪的至境。禪宗的圓融境，主要表現為理事圓融、事事圓融兩大類。

　　早在禪宗三祖僧璨的《信心銘》中，「一即一切，一切即一」的理事圓融觀念便得到了凝練的表述。玄覺《永嘉集》設立「事理不二」門。希遷的《參同契》吸收華嚴理事無礙思想論述理事關係，認為理與事、事與事的相互關係，無非「回互」和「不回互」兩種。「回互」指理與事相互融通的「相即」關係；「不回互」指理與事不壞自相而保持自身獨立性的「相非」關係。雲岩曇晟的《寶鏡三昧》倡「明暗交參」之

義。為仰宗禪學以「理事不二」作為中心思想。法眼文益《宗門十規論》也將華嚴理事關係作為禪門的宗旨。

一指禪

金華山俱胝和尚得法於馬祖的法孫天龍禪師。

俱胝和尚初出家時，一個人在草庵裡修行。一天，一位法號實際的女尼來到庵裡，繞著俱胝走了三圈，說：「你說得出一句符合禪機的話，我就摘下斗笠。」

這樣一連問了三遍，俱胝竟是一句也應對不上來。他雖然感到其中有無限的禪機，偏偏一時把捉不住。

女尼見狀告辭。俱胝說：「天色晚了，還是暫且在這兒住一宿吧。」

女尼還是那個條件：「說得出我就在這裡寄宿。」

俱胝仍無言以對。

女尼走後，俱胝大為感歎：「我空有男人的身形，卻沒有大丈夫的氣概，連個女尼的問題都回答不出！」於是準備棄庵到各處遊方。

就在他打算下山的時候，來了一位天龍和尚。天龍看見他神色不定，問是何故，俱胝把前些天的遭遇一五一十地說了。天龍聽罷，沒有說什麼，只是豎起了一根指頭。

俱胝見狀，陡地大悟。

此後，只要有人問俱胝佛法，他就微笑著豎起一指。

舉起一指的意思是萬法歸一，千差萬別歸於平等，所以

在天龍豎起的一指上，包攝了氣象萬千的世界。

芥子納須彌

「事事圓融」的範型之一是小大相即。表現小大相即的經典禪語是海水入毛孔、毛端含國土、芥子納須彌。

須彌山是印度佛教中的山名，相傳山高四萬八千由旬（每由旬約三十里），山頂上為帝釋天，四面山腰為四天王天，四方各有八天，共三十三天（音譯忉利天），周圍有七香海、七金山。以如此巨大的體積從從容容毫髮無損地納於小小的芥子中，這是因為諸相皆非真實，所以巨細可以相容。小中寓大，是禪定達到一定階段後獲得的特殊精神狀態。

《景德傳燈錄》卷7載，江州刺史李渤問無等禪師：

「佛經中說『芥子納須彌』，莫不是難以置信麼?」

禪師反問：「人們都說你讀了萬卷書，真的有此事?」

「是的。」

「從頭到腳，你的身子不過像椰子大，萬卷書又放在何處?」

李渤恍然大悟。可見，芥子納須彌這種形式的小對大的容納，不是物質上的吸收、吞併，而是精神上的融合、汲取。

除《華嚴經》之外，《維摩經》、《涅槃經》、《楞嚴經》也表達了這種體驗。禪宗發揮此意，謂「三千大千世界，日月星辰，江河淮濟，一切含靈，從一毛孔入一毛孔，毛孔不小，世界不大，其中眾生不覺不知」（《景德傳燈錄》卷21）。

自他不隔於毫端，始終不離於當念

　　事事圓融的範型之二是時空圓融。華嚴宗旨揭示了時間的長短互攝、空間的廣狹互容，在此基礎上更進一步，便是時間與空間的互融互攝。時間上沒有過現，空間上沒有彼此，「無邊剎境，自他不隔於毫端；十世古今，始終不離於當念」，鑄成了華嚴與禪的時空一如境。

　　禪悟體驗否定了時間的絕對性，這和黑格爾、相對論的看法頗有相通之處。黑格爾指出，「運動的本質是成為空間與時間的直接統一；運動是通過空間而現實存在的時間，或者說，是通過時間才被真正區分的空間。因此，我們認識到空間與時間從屬於運動。速度作為運動的量，是與流逝的特定時間成比例的空間」。

　　相對論也對絕對的時間觀提出了質疑。愛因斯坦認為時間不過是事件發生的一種順序,除了藉此順序來度量它之外，別無獨立之存在，所以時間也是知覺作用產生的一種概念，而不是上帝所規劃給人們的不變數。並且在相對論裡，時空之分也是相對的，把宇宙當作一個由時間度加上三維空間的四度時空連續區，是整個相對論宇宙觀的基礎。要客觀地瞭解宇宙，時空二者便不可分開。如這一理論的首創者，德國數學家閔可夫斯基在1908年著名的演講中所說:「我要在你們面前提出的關於空間和時間的觀念，是紮根於實驗物理學的土壤，這是它們的力量所在。它們是帶根本性的。今後空間和時間本身是注定要消退成影子的，只有兩者的統一才能作

為獨立的實在而保存下來。」

一切時間的量度，其實是空間的量度。如秒、分、時、日、星期、月、季、年，都是地球在空間對太陽及其他星球相對位置的量度。

隨著相對論的普及，時空是一個意識結構的觀念已為愈來愈多的人所接受。池田大作在和湯因比討論這一問題時說：

「我認為時間、空間是人造的概念，是人的生命活動在其活動中設立的框子。如果沒有這種生命活動，那就不可能有時間和空間。因此，認為時間和空間是絕對的存在，並要生命本身納入這個框子，這種規定本身可能是本末倒置的一種想法。」

「所謂時間，我們通過宇宙生命的活動和變化，才能感覺到。從我們的體驗來說，時間的運動也是根據我們生命的狀態，有種種不同的變化。高興的時候，時間飛快地過去；痛苦的時候，就會感到過得十分緩慢。」

因物故有時

禪者對時空的認識是「因物故有時，離物何有時」：時間因事物的存在、變遷而引起，離開某物的存在來想像時間是不合於真相的。唯有時空一體時，一切法的真相才能顯現出來。

道元禪師說：「諸時即具如是青黃赤白。」（《正法眼藏・空華》）並非先有時間，然後在這時間內出現了什麼。比如說

秋天，並不是說秋天來了，然後才有桐葉翻飛、槿花帶露，而是桐葉翻飛、槿花帶露實質上就是秋天。離開葉落、蛩吟、草衰、風涼這些事實，就不存在「秋天」。離開這個大千世界的紛紜萬象，就不存在「時間」。

「時無別體，依華以立。一念該攝，十世融通。所以如見花開，知是芳春；茂盛結果，知是朱夏。凋落為秋，收藏為冬，皆因於物知四時也。」（《宗鏡錄》卷28）時間並沒有獨立存在的形式，它是建立在空間遷謝的基礎上的。一念可以包含十世。因此，看到了萬紫千紅，我們知道春天來了；看到了果實垂枝，我們知道夏天到了。萬木凋零，這就是秋天。群動蟄伏，這就是冬季。從萬物成長、繁榮、凋落的輪轉中，我們看到了四時的足跡。

生只是生，死只是死，春只是春，夏只是夏，皆各住其位，沒有絲毫變易的可能。時間在任何時刻都完全現前，這就導向了時間的空間化、現境化。禪宗通過對時間現境化的充分體證，將「小我」融入「大我」，融入宇宙生命，個人生命在其深處和宇宙生命融為一體，於是，一朝風月涵攝了萬古長空，電光石火包容著亙古永恆。如此，對時間的焦慮遂得以克服：

　　「和尚年多少?」「秋來黃葉落，春到便開花。」
　　「和尚在此山來多少時也?」「只見四山青又黃。」
　　「如何是高峰獨宿底人?」「夜半日頭明，午時打三更。」

　　令人焦慮的時間之流被截斷、停止或超越了，時間被空間化，對時間的恐懼最終消融於自然、消落於空間的純粹經驗世界中。人因此成為本體論意義上的「在」或「有」，主體因此成為「無意志」、「無痛苦」、「無時間的主體」。

時空互攝

　　對時間現境化的體證，形成了禪宗時空互攝的特殊體驗。正是基於這樣的生命觀，禪宗在表達生命「向何處去」時，便充滿了生機圓趣。

　　禪宗表達時空圓融的經典語言是：

　　「潛岳峰高長積翠，舒江明月色光輝。」

　　「長江無間斷，聚沫任風飄。」

　　「子今欲識吾歸處，東南西北柳成絲。」

　　「漚生漚滅還歸水，師去師來是本常。」

　　「珍重清溪溪畔水，汝歸滄海我歸山。」

　　「今宵酒醒何處，楊柳岸曉風殘月。」

　　微小與博大，黯淡與光明，浮漚與江水，短暫與永恒，個體與族類，自然與人生，都圓融互攝，織成了珠光交映重重無盡的因陀羅之網。萬古長空凝成一朝風月，一朝風月盡攝萬古長空。

等閒擊碎虛空骨

在日本禪門裡，有一位大名鼎鼎的夢窗國師。夢窗國師少年時，千里迢迢到京都一山禪師處參學。

夢窗到方丈室向一山禪師請示道：「弟子大事未明，祈求禪師直指開示。」

一山禪師聽後，不但不告訴他，並且很嚴峻地說道：

「我宗無語句，亦無一法與人！」

夢窗再三懇求，仍得不到一山的開示，於是含淚辭去，往鐮倉的萬壽寺叩參佛國禪師。

在佛國禪師的座下，他遭到了更為無情的痛棒。這對殷殷求道的夢窗實在是一大打擊。夢窗傷心地對佛國禪師發誓道：「弟子若不到大徹大悟之境，絕不回來見師父！」

他辭別佛國禪師，連夜到了一個山林裡面，與大自然做靜默的交流。有一天在樹下，心中無牽無掛，不知不覺到了深夜，就想到茅蓬裡去睡覺，正準備上床之時，誤以為他已經走到茅蓬的牆壁，不知不覺把身子靠了過去，結果卻跌了下來。在跌倒的一剎那，不覺失笑出聲，就此豁然大悟。

在身心開朗之餘，他作了一首偈語說：

多年掘地覓青天，添得重重礙膺物。
一夜暗中揚礫磚，等閒擊碎虛空骨。

夢窗心眼洞明之後，帶著感恩的心情，去拜見一山禪師

和佛國禪師，呈上自己所見，機緣相契。佛國禪師大為稱讚，立刻為他印證說：

「西來密意，你已得到。要善自護持！」

直覺意象

事事圓融的範型之三是直覺意象。「本來面目」的根本精神是超越性。充分汲取華嚴珠網、維摩不二、圓覺了義等大乘佛學精髓的禪悟直覺觀照，將在世俗之眼中對峙、矛盾的意象組合到一起，形成了不可思議的禪定直覺意象：

空手把鋤頭，步行騎水牛。

人從橋上過，橋流水不流。

禪宗表達直覺意象的經典譬喻還有「無影樹」、「無孔錘」、「無孔笛」、「無縫塔」、「無底籃」、「無須鎖」、「無星秤」、「無底缽」、「無弦琴」、「無底船」等。

將看起來矛盾、對峙的意象，組合到一起，構成了對邏輯思維的強大挑戰。要充分加以體證，就必須躍出邏輯的囚室，因為它所表達的乃是般若的直觀。

邏輯經驗不是純粹的經驗，因為它經由了二分法篩子的過濾。當我們看見一座橋而稱它為橋時，以為這個認識是最後的，但是事實上只有當它被概念化之後，這個認識才有可能。禪宗認為，真正的「橋」是存在於「橋」的概念之前的。

當概念干預現量後，橋只有依賴於非橋才得以成為橋。可見，般若是先於概念化作用之前的。

　　般若智觀將矛盾、對峙、枯寂的世俗意象，轉化為圓融、和諧、活潑的直覺意象，這是超越了對立、消解了焦慮、脫落了黏著的澄明之境。它是一元論的直覺觀照，如果用二元相對的眼光來看，則如蚊子叮鐵牛，永遠也不可能透過。將二元相對的意識剿絕，懸崖撒手，大死一番，絕後再蘇，則一切都是自性的活潑妙用了。

隨緣任運的日用境

饑餐困眠

　　「饑餐困眠」，禪宗身心脫落之精神面貌的傳神寫照，它的實質即「平常心是道」。

　　《四十二章經》：「飯千億三世諸佛，不如飯一無念無住、無修無證之人。」可見佛教對無修無證之人的推崇。本淨〈無修無作〉偈云：「道體本無修，不修自合道。若起修道心，此人不會道。」(《五燈會元》卷2) 一旦起了修道之心，就將「道」作為「修」的對象，將無為法當作有為法，這樣修成的道仍然容易隳壞。南宗禪為掃除學人向外尋求的意念，主張修行與生活一體化，反對外向式的修道。

　　有位源律師向大珠慧海請教：「和尚修習禪道，還用功

嗎?」

「用功。」

「怎樣用功呢?」

「餓了就吃飯,困了就睡覺。」

源律師聽了,疑竇叢生:「別人也都是這樣,饑餐困眠,豈不是和你一樣用功了嗎?」

「不一樣。」

「為什麼不一樣呢?」

「他們吃飯時不肯吃飯,百般挑揀;睡覺時不肯睡覺,千般計較。因此,他們與我的用功不同。」

大珠慧海的「饑來吃飯,困來即眠」後來成為禪門傳誦的佳話,也成為禪僧恪守的信條。

饑餐困眠,是禪宗隨緣任運、率性適意精神面貌的形象表述。禪宗對隨緣任運尤為推崇,惠泉禪師甚至以「饑來吃飯句、寒即向火句、困來打眠句」作為「九頂三句」,與「雲門三句」相提併論。守端禪師則以「饑來要吃飯,寒到即添衣。困時伸腳睡,熱處愛風吹」作為他的「四弘誓願」。而溈山與仰山的一段公案,也是饑餐困眠的生動體現。

仰山禪師有一次到遠方去度夏,解夏之後就回來看望他的師父溈山。

溈山問仰山道:「一個暑期都沒有見到你,你在那邊都做了些什麼?」

仰山回答道:「我耕了一塊地,播了一籃種子。」

潙山讚美仰山說：「這樣看來，這個暑假你沒有白過。」

禪就是生活，所以禪者的砍柴、除草、犁田，種種勞作，都是修行。

仰山接著問潙山說：「這個暑期你做了些什麼呢？」

潙山說：「白天吃飯，晚上睡覺。」

仰山同樣讚美師父說：「那麼這個暑假老師你也沒有白過啊。」

對於真正的修行者來說，行也是禪，睡也是禪，動也是禪，靜也是禪。饑餐困眠，處處皆道場。所以臨濟說：「佛法無用功處，只是平常無事，屙屎送尿，著衣吃飯，困來即眠。」「無事是貴人，但莫造作。」所謂「無事」，是指不求佛、不求道，以及不向外求的一種心理狀態。「貴人」是精神上富足的人，也就是佛。離開饑餐困眠而追求禪道，不異南轅北轍。

長舒兩腳睡，無偽亦無真

金剛般若隨說隨掃，超越而不可有超越之心，了悟而不可有了悟之念，故禪宗又說：「明明無悟法，悟法卻迷人。長舒兩腳睡，無偽亦無真。」（《五燈會元》卷5）

禪宗主張饑食困眠、隨緣適性，在日常生活中見高情遠韻，這便是「悟」。但是有了悟的心境而沾沾自喜的話，就又犯了「騎驢不肯下」的大忌，尚非真正的「悟」。真正了悟的人，必須連悟的意識也予以揚棄，所謂「悟了同未悟」，這就是上引偈語的含義。

　　徹悟之人，連悟的觀念都不存在。「若要了心，無心可了。無了之心，是名真了。」只要有一個悟的觀念，就著了相。饑食困眠、隨緣適性，在日常生活中有高情遠韻便是悟，但如有了悟的觀念而沾沾自喜，就將悟當作了某種客體，自己已置身於悟之外了。

　　《五燈會元》卷18淨曇禪師偈：「本自深山臥白雲，偶然來此寄閒身。莫來問我禪兼道，我是吃飯屙屎人。」一旦人意識到他在「悟」，他已將「悟」當作一個客體，自己已置身於「悟」之外了。因此，「悟」了的人，是沒有「悟」的意識的。在饑餐困眠中，並沒有「悟」的席位，因為饑餐困眠即是「悟」的本身。

金屑雖珍寶，在眼亦為病

　　鳩摩羅什在注《維摩經・入不二法門品》時說，好比洗髒東西，等到把髒東西完全除去了，才談得上是乾淨。乾淨則髒污盡除，髒污盡除則無垢。淨與垢是相對而言的。既已無「垢」，「淨」也自然就不存在了。他的高足僧肇則說得更徹底：本來是不存在垢的實性的，又哪裡有什麼淨？真正的「淨」如同眼睛的明澈，在這裡不但沒有「悟」的地盤，甚至連「淨」的意識也必須予以揚棄。

　　《景德傳燈錄》卷7載，白居易問唯寬禪師：「我應該怎樣修身養性？」

　　禪師說：「心本無損傷，云何要修理？無論淨與垢，一切

念勿起。」

白居易仍然感到很困惑:「垢的思想不可有,難道不想淨也行嗎?」

禪師說:「如人眼睛上,一物不可住。金屑雖珍寶,在眼亦為病!」

禪宗認為,垢淨等一切分別心來自於心,若除去二法對待心,則一切二元對立及其帶給人們的迷惑也就煙消瓦解了。

平常心是道

寶誌《大乘贊》:「大道只在目前,要且目前難睹。欲識大道真體,不離聲色語言。」

真理存在於聲色語言、日常生活之中。宗教行為,從發心、修行、證悟到涅槃,構成一個無限的圓圈,其中每一點既是開端也是終點。大道既然在聲色語言之中,求道之人就不可迴避聲色語言,與世隔絕,而要在日常生活中感受到真理,由此生發了禪宗日用是道的感悟。

馬祖提出「平常心是道」,在禪林引起了很大反響。「平常心」即本來的心、自然的心,也就是不受任何私欲障蔽的心。後來趙州禪師接機,也闡發此旨。學人問趙州如何修行,趙州說:「洗缽去。」禪的體驗離不開日常生活,在日常生活中如吃飯、洗缽中都感悟到真實才是修行。

神通與妙用，運水及搬柴

龐蘊偈：

日用事無別，唯吾自偶偕。
頭頭非取捨，處處勿張乖。
朱紫誰為號，丘山絕點埃。
神通併妙用，運水及搬柴。

大道不可以有心求，不可以無心得。不著意追求，而自能見道，故曰「偶偕」。要作到這一步功夫，必須在日用中以無住心行無住行，於相而離相，於念而離念，無作無求，無取無捨。「朱」之與「紫」，都是識心計度的差別名相。自性本心，纖塵不立，如天外雲山，一片青翠。運水時運水，搬柴時搬柴，就是莫大的「神通妙用」。禪道正是通過這種平易親切的形式體現出來。

崇信禪師問：「我跟隨師父修行多時，卻從來沒有聽到過您指示心要。」

道悟說：「你遞茶來，我接；你端飯來，我吃；你行禮時，我點頭。何處不在指示心要？」

崇信聽了，頓時開悟。

春有百花秋有月

在禪宗看來，佛法體現在日用中，是「吃茶吃飯隨時過，

看水看山實暢情」式的「平常心合道」。在《無門關》第十九
則中，無門慧開將「平常心是道」解釋為：

　　　　春有百花秋有月，夏有涼風冬有雪。
　　　　若無閒事掛心頭，便是人間好時節。

　　「閒事」指妨礙平常心的事，亦即耗費心智的事。心靈
的明鏡若蒙上了「閒事」的塵垢，則映現出來的萬事萬物就
會失去其本來面目。陸遊〈解悶〉云：「君能洗盡世間念，何
處樓臺無月明？」只要拋開世俗的名利欲望，則無論在哪裡，
樓臺上的月色都清麗明亮。

　　基於這種體悟，禪宗對離開日用的玄妙予以批評。趙州
主張隨緣任運，將禪道落實於日常生活，化為親切平易的人
生境界，而否認離開生活去求「玄中玄」。當學人問什麼是「玄
中玄」、「玄妙之說」時，禪師以「玄殺你」、「莫道我解佛法」
當頭痛擊，指出離開日用別求玄妙，則與禪道相遠。

潛行密用，如愚若魯

　　雲岩曇晟《寶鏡三昧》：「潛行密用，如愚若魯。但能相
續，名主中主。」

　　「潛行密用」的意思是暗中行事，而不為所知，也就是
日常的言行，絕不能太炫耀。「如愚若魯」中的愚和魯，都是
「愚」的意思。

　　「潛行密用，如愚若魯」是禪者的日常生活信條。在沒人看到的地方，也默默地盡力做事，只有這樣的人才能自愛，也才能愛人。如果將這種行為持之以恒，這就是「主中之主」──即自主性中的自主性。

　　禪僧們往往自稱大愚、絕學、無學，這些愚、絕、無、魯，實際上是人間的最高的智慧，所以古人有「難得糊塗」的名言。

　　心中一清二楚，卻不炫才露智，持之以恒地默默地行善，才是禪法追求的真正目標。

不風流處也風流

　　《五燈會元》卷12慶善普能禪師語。大意是：表面是看來似乎不風流，卻仍有其風流之處。

　　風流的氣質具有衝破規範的妙趣，但若只知道掙脫規範和形式，則連風流的邊也沾不上，更遑論真正的風流了。可見，如果一味地追求風流，迷戀風流，反而不是風流了。相反，要追求風流，而不為風流所迷，才稱得上真正的風流。

　　只有深切悟道的人，才能達到無規矩即規矩，無軌道即軌道，鍛鍊至極而返於自然的境界。

　　只有否定執著的態度，才是真正的風流。

廬山煙雨浙江潮

宋蘇軾〈觀潮〉：

> 廬山煙雨浙江潮，未到千般恨不消。
> 及至到來無一事，廬山煙雨浙江潮。

第一句的廬山煙雨浙江潮，是理想的目標，每個追求者都為之魂縈夢繞，不惜任何代價，一定要一睹為快。如果追求受挫，則此心決無安定之時。等到有朝一日，終於實現了自己的夢想，欣賞了這兩個地方的景致後，這才覺得它們雖然美麗，卻似乎並無特別之處。

對此，世俗的感歎是：「不過如此！」

而禪意的態度卻截然相反。禪者會發出由衷的讚歎：「正是如此！」

凡夫總是把極樂世界想像成遠在十萬八千里之外，並且即使到了極樂世界，也感覺不到樂趣存在。對於他們，日常的生活、熟悉的地方、得到了的東西就沒有美妙可言。占有一物便失去一物的刺激，如此永遠陷於無聊 —— 痛苦 —— 無聊的惡性循環中，精神的流浪從不停止。而已經解脫了的悟者，雖然與凡夫生活的空間原來是同一個，卻能將日常的生活、熟悉的景致化為極樂世界，對擁有的東西倍加珍惜，將理想落成於現實，從不沉溺於海市蜃樓的幻想。如此，穿衣吃飯，行止語默，無不感受到真實、鮮活的生命之存在。

直心是道場

　　這是《維摩經》上的名句。道場原為釋迦牟尼在菩提樹下悟道的座位，後來引申為修行的神聖場所。《維摩經》載，光嚴童子（有濃厚求道心的人為童子，與年齡無關）從城裡的道場出來，想找一個清淨的地方，路遇維摩詰，問他從哪裡來，維摩詰說：「從道場來。」

　　童子深感困惑：「您所在的方向與道場正好相反，為什麼說是從道場來?」

　　維摩詰回答他說：「直心即道場，因為沒有虛假的緣故。」

　　直心即純真的心，沒有絲毫的虛假，所以說是道場。只要具備了直心，則不論行走在何處，都可稱之為道場，「步步是道場」、「步步起清風」，自己感覺到站在真理中間時，一步一步地行走，足下沒有灰塵生起，千絲萬縷的清風從腳邊拂過。

春在枝頭已十分

　　宋羅大經《鶴林玉露》載某尼悟道詩：

> 盡日尋春不見春，芒鞋踏破嶺頭雲。
> 歸來笑撚梅花嗅，春在枝頭已十分。

　　穿著芒鞋，踏遍了千山萬嶺的層層雲霧，卻了無春的蹤影。等到有一天，修行者終於明白了向遠處的尋求是徒勞無益。當他拖著疲憊的身子回到家中時，卻突然發現庭院中的

梅花已凌寒綻放，暗香浮動，盈盈春意已來到枝頭了！

　　捨近求遠，入道無門。返身內顧，便可在日常生活裡發現真理，豁然開悟。

後　記

　　我自幼生長在風光旖旎的江南水鄉，安徽蕪湖的赭山鏡湖留下了我大學時代的夢痕心影。我的老師余恕誠、劉學鍇、趙其鈞、王明居等，都給我以良好的教益。余先生、劉先生是李商隱研究專家，趙先生是唐代絕句專家，王先生是美學專家。其研究成果，在海內外有口皆碑。親炙良師的法席，為我的學術研究打下了良好的基礎。

　　弱冠之年，我遠遊長安，師從霍松林先生研治古典文學。1987年畢業，獲文學碩士學位。畢業後的一年裡，我全力以赴地從事霍先生主編的《萬首唐人絕句校注集評》工作，完成了其中二百餘萬字書稿的撰寫。

　　在研治古典文學的過程中，我對禪宗產生了濃厚的興趣。1992年，出版了《禪的夢》、《禪門妙語》、《禪門公案》等書。1996年，我再次師從霍先生，攻讀博士學位。在此期間，我為臺灣佛光出版社組織編寫了大型叢書《中國佛教高僧全集》中的五十一本，並撰寫了《佛緣叢書》（一套六本）等著作。在作學位論文時，我決定研究禪宗詩歌。1999年畢業，獲文學博士學位；2000年，我進入中國人民大學哲學博士後流動站，從事研究工作。來京之後，我得以求教於著名學者黃心川、湯一介、杜繼文、方立天、樓宇烈、楊曾文、王生平、

萬俊人、王曉朝、李富華、方廣錩、魏道儒等先生，受益良多。黃夏年、宋立道、周齊、華方田、徐文明、程恭讓等一大批年輕學者，也給了我很多幫助。2001年夏天，我的博士論文及博士後研究的部分成果，以禪學三書的形式在中華書局出版，它們分別是：《禪宗思想淵源》、《禪宗哲學象徵》、《禪宗詩歌境界》。方立天教授撥冗賜序，給予了較好的評價。

禪學三書2001年6月在中華書局出版，當年的9月即進行了第二次印刷，可見讀者瞭解禪宗思想、哲學、詩歌興趣的強烈。三書出版後，《人民日報》、《光明日報》、《中國青年報》、《中華讀書報》、《法音》、《禪》雜誌、《覺群》、《華林》、《書品》、《中國圖書評論》、《世界宗教研究》、《哲學研究》等報紙、雜誌，都發表了報導、評論。

讀者的歡迎，既是對我研究成果的充分肯定，也是對我研究工作的最大鼓勵。由於特殊的學術經歷，我對禪宗除了研究之外，更多地抱有「同情之理解」，更多地進行體證。哲學給了我冷靜深透的思辯素質，而文學則給了我夢筆生花的通脫性靈。將兩者圓融，一直是我努力的方向。

於是我想到，禪學三書作為我的學位論文，走的是學術的、理論的路子。禪宗的理論固然深刻，但它之所以對中國文化產生長遠而巨大的影響，卻不僅僅是因為它理論的周密，更是因為它的機鋒智慧，它的實踐修持，它的通靈感悟。雖然讀者對禪學三書反應相當熱烈，如果用更加直截了當、生動活潑的形式，來介紹禪宗，豈不是更好？

　　正當我有這種想法的時候，東大圖書公司寄來了約稿信，說書局正著手編印一套宗教文庫。用現代人易於接受的形式，介紹禪宗思想、歷史、精神、文化、智慧、機鋒、神韻。使禪宗在當代社會煥發出奇光異彩，是該文庫的宗旨。我毫不遲疑地接受了任務。東大圖書公司契合現代人的根機，把握時代潮流，推出這套叢書，其眼光、魄力，都是令人激賞的。並且，這種做法，也符合現當代佛教的主流人間佛教精神。

　　於是，我撰寫了宗教文庫中的三本，這就是《經典禪詩》、《經典頌古》、《經典禪語》。關於這三書的內容，在各書的前言裡都已經分別交代了，這裡不再贅言。希望讀者通過這三本書，能夠對禪宗的精髓有親切而深入的領略、體會。

　　2001年6月，我在京拜訪了中國佛教協會副會長、柏林禪寺住持、河北禪學研究所所長淨慧法師。受法師的邀請，我參加了柏林寺第九屆生活禪夏令營，給學員們舉辦了禪學講座。在此期間，法師聘請我擔任河北禪學研究所常務副所長。雖然我能力有限，仍義不容辭地答應了。之所以答應，是出於對法師慧眼相許的敬重。法師是僧界領袖，在教界、學界都享有盛譽。法師提倡的生活禪舉世皆知，其弘揚禪宗文化、激勵學術研究的善舉，也深為大家所敬仰。日前，河北禪學研究所主辦的《中國禪學》大型學術刊物，在海內外知名學者的支援下，順利創刊，已由中華書局出版；淨慧法師主持的數部大型禪學叢書也正在撰寫之中。而這三本著作，則可以看成是我對淨慧法師的衷心祝福。同時，我也衷心祝願東

「人類如何去信仰」與「人類信仰什麼」
是同樣重要的問題……

從「媽祖回娘家」的三牲五果，到伊斯蘭的齋月禁食；
從釋迦牟尼的菩提悟道，到耶穌基督的流血救贖；
多元的宗教是人類精神信仰的豐富展現，卻也是人類爭
戰不息的原因。
然而，真正的多元化是建立在社會群眾彼此寬容及相互
理解的基礎之上，
「宗教文庫」的企圖，
就是提供各種宗教的基本知識，以做為個人或群體認識
各個宗教的管道。
畢竟，「人類如何去信仰」與「人類信仰什麼」是同樣
重要的問題，
藉由這套叢書多樣的內容，
我們期望大眾能接觸多元的宗教知識，從而培養理性的
態度及正確的信仰。

頓悟之道——勝鬘經講記　謝大寧／著

你不是去信一尊外在的佛
而是去信你自己的心

如果眾生皆有無明住地的煩惱，是否有殊勝的法門可以對治呢？本書以「真常唯心」系最重要的經典——《勝鬘經》來顯發大乘教義，剖析人間社會的結構性煩惱，並具體指出眾生皆有如來藏心；而唯有護持這顆清淨心，才能真正斷滅人世煩惱，頓悟解脫。

唯識思想入門　橫山紘一／著　許洋主／譯

從自己存在的根源除去污穢
而成為充滿安樂的新自己

疏離的時代，人類失去了自己本來的主體性，並正被異化、量化為巨大組織中的一小部分，而如果罹患了疏離感的現代人不做出主動且積極的努力，則永遠不得痊癒。唯識思想的歷史是向人類內心世界探究的歷史，而它的目的就在於：使人類既充滿污穢又異化的心，恢復清淨及正常的本質。

國家圖書館出版品預行編目資料

經典禪語／吳言生著.－－初版一刷.－－臺北市；東
大，2002
    面； 公分－－（宗教文庫）

ISBN 957-19-2724-4 （平裝）

  1.禪宗–語錄

226.65   91018324

網路書店位址 http：//www.sanmin.com.tw

© 經 典 禪 語

著作人   吳言生
發行人   劉仲文
著作財
產權人   東大圖書股份有限公司
          臺北市復興北路三八六號
發行所   東大圖書股份有限公司
          地址／臺北市復興北路三八六號
          電話／二五〇〇六六〇〇
          郵撥／〇一〇七一七五——〇號
印刷所   東大圖書股份有限公司
門市部   復北店／臺北市復興北路三八六號
          重南店／臺北市重慶南路一段六十一號
初版一刷 西元二〇〇二年十一月
  編 號 E 22075
  基本定價 肆   元
行政院新聞局登記證局版臺業字第〇一九七號

ISBN 957-19-2724-4 （平裝）